课堂教学艺术启蒙

李玉珍　编著

内 蒙 古 出 版 集 团
内蒙古科学技术出版社

图书在版编目（CIP）数据

课堂教学艺术启蒙 / 李玉珍编著. —赤峰：内蒙
古科学技术出版社，2014.3（2022.1重印）

ISBN 978-7-5380-2397-8

Ⅰ. ①课… Ⅱ. ①李… Ⅲ. ①基础教育—课堂教学—
教学研究 Ⅳ. ①G632.421

中国版本图书馆CIP数据核字（2014）第049420号

出版发行：内蒙古出版集团　内蒙古科学技术出版社
地　　址：赤峰市红山区哈达街南一段4号
邮　　编：024000
邮购电话：(0476)5888903
网　　址：www.nm-kj.cn
责任编辑：季文波
封面设计：永　胜
印　　刷：三河市华东印刷限公司
字　　数：110千
开　　本：880×1230　1/32
印　　张：6.125
版　　次：2014年3月第1版
印　　次：2022年1月第3次印刷
定　　价：48.00元

前　言

　　课堂教学技能是所有教师必须具备的基本技能，但艺术性的课堂教学技能并不是一朝一夕就可以形成的，它是在教学理论知识和实践经验的摩擦中逐渐形成的，所以，课堂教学艺术往往亲睐于有经验的资深教师。对于新手教师而言，要想具有艺术性的课堂教学技能，就需要一定的理论指导和技术支持。本书旨在为师范生或新手教师掌握一定的课堂教学艺术服务，期望对于师范生或新手教师将教学理论知识转化为课堂教学实践技能具有重要的指导作用。同时，本书也渴望为提高教师专业素养的应用型教师教育课程贡献微薄之力。

　　为了培养和提高职前期教师或新手教师的课堂教学技能，本书结合基础教育课程改革的精神，在精选大量具体课堂教学案例的基础上，对中学课堂教学艺术进行了分类阐述，主要包括教学语言艺术、教学体态艺术、教学板书板画艺术、课堂提问艺术、导课艺术、教学组织艺术和结课艺术等七章内容，并在附录中列举了师范生的课堂教学优秀案例。本书非常注重课堂教学艺术理论的实践应用，在内容选择上体现了简单性、通俗性、易懂性和实用性的特点，不过分突出课堂教学艺术理论本身，而是重在理论联系实际，以具体的课堂教学案例为载体，尽可能地将课堂教学的理论性知识转化为具有可操作性的教学实践知识，突出了实际应用性，关注课堂教学艺术的方法技巧，尽可能为读者提供具有操作性的应用建议。

为了扩大此书的阅读范围，在选择案例时，没有只局限于化学学科，而是收集了大量相连学科的教学案例，既体现了不同学科间知识的相通性，又突出了科学类课程的特殊性。本书可以说是我从教高师《化学教学论》课程八年来的经验总结。八年来，我在培养和训练师范生的课堂教学技能时，通过"课前小讲台"环节，一直关注师范生的课堂教学行为细节，发现问题及时记录，最终积累了一些师范生课堂教学行为细节的第一手资料，并计划着将这些资料进一步系统化，使其成为有利于师范生掌握课堂教学技能的一本启蒙性学习材料。如今，功夫不负有心人，我的努力取得了丰硕的成果。因此，我真诚地希望师范生或新手教师能从本书中汲取有益的经验，从而提升自己的课堂教学能力，尽早成为一名受学生欢迎的优秀教师。

在本书的撰写过程中，参考引用了一些著作及中学教师或师范生们的案例，在此，谨致以深切的谢意。囿于我的学识和水平，书中可能存在某些不尽人意之处，甚者错误之处，诚望同行批评指正。

内蒙古师范大学　李玉珍

2014年1月

目　录

第一章　教学语言艺术 …………………………………… 1

第一节　教学语言的特点及使用技巧 …………… 2

第二节　师范生常见的教学语言问题及诊断 ……… 11

第二章　教学体态艺术 …………………………………… 15

第一节　教学体态及其教学功能 ………………… 15

第二节　体态语言在教学中的应用 ……………… 18

第三节　师范生常见的教学体态问题及诊断 ……… 28

第三章　教学板书板画艺术 ……………………………… 36

第一节　教学板书 ………………………………… 36

第二节　教学板画 ………………………………… 47

第三节　师范生常见的教学板书板画问题及诊断 … 52

第四章　课堂提问艺术 …………………………………… 60

第一节　提问对于课堂教学的重要性 …………… 60

第二节　课堂提问的基本要求及类型 …………… 63

第三节　课堂提问的技能技巧 …………………… 69

第四节　师范生常见的课堂提问问题及诊断 ……… 76

第五章　导课艺术 ···················· 81

第一节　导课的作用及要求 ············ 81

第二节　导课的艺术方式 ·············· 84

第三节　师范生常见的导课问题及诊断 ········ 102

第六章　教学组织艺术 ················ 105

第一节　教学内容详略得当 ·············· 105

第二节　教学进程环环相扣 ·············· 107

第三节　教学节奏张弛有度 ·············· 111

第四节　应变艺术——恰当地处理偶发事件 ······· 114

第五节　师范生常见的教学组织问题及诊断 ····· 123

第七章　结课艺术 ·················· 128

第一节　结课的作用及要求 ·············· 128

第二节　结课的艺术方式 ··············· 135

第三节　师范生常见的结课问题及诊断 ······· 146

参考文献 ···················· 148

附　录 ······················ 151

附录1 氢键及其对物质性质影响的课堂教学实录 ··· 151

附录2 铁盐与亚铁盐课堂教学实录 ·········· 160

附录3 氨的绿色一体化实验设计课堂教学实录 ····· 166

附录4 牛顿第三定律课堂教学实录 ·········· 173

附录5 楞次定律课堂教学实录 ············ 181

第一章　教学语言艺术

在课堂教学中，经常会遇到这样的情况：两位教师在年龄和学历及专业知识水平等方面都很接近，教学对象、内容基本一样。但在教学中，一位教师讲得效果很好，课堂气氛生动活泼，学生兴致勃勃；另一位教师讲得却很一般，课堂气氛呆板低沉，学生昏昏欲睡。为什么会有这样截然不同的情况呢？关键就在于两位教师对教学语言技巧的掌握和运用的不同。

语言是教师课堂教学的灵魂，也是教师传授知识的重要工具。课堂教学实际上就是教师的一门语言艺术，教师只要从"书面语言"到"口头语言"实现了良好的转化，就能有效运用"教学语言"这种最古老也是最普遍的教学手段，从而实现"课堂语言"质的飞跃。一堂课的成功与否与教师的"课堂语言"有很大的关系。也就是说，教师的语言表达能力直接影响着课堂教学质量；另一方面，教师的教学水平、能力、魅力及教学修养、教学风格等都会从教师"课堂语言"的运用上具体体现出来。

第一节　教学语言的特点及使用技巧

一、教学语言的特点

化学教学语言是化学教师的一种职业语言,是成功进行化学课堂教学的重要条件,其特点主要有教育性、科学性、规范性、情感性、形象性、启发性、趣味性、逻辑性、精炼性、审美性等几个方面。为了让课堂教学魅力四射,课堂教学语言就要充分地体现这些特点。如果在一堂课上平淡地照本宣科地进行教学,其教学效果就会与在课堂上充分体现教学语言特点的教学效果相差很大。

1. 教育性

由于教师职业的特殊性,教师在教学过程中必须把教书和育人结合起来,而且要把育人置于最根本的地位,这就要求教师的教学语言具有教育性。事实证明,有才无德比无才有德更可怕。所以,在课堂教学中,同样要把育人置于首要地位,即先要培养学生的情感、态度与价值观,再教授学生知识与技能。作为传递思想意识和化学知识媒介的化学教学语言,就必须是一种有着明确的教育目的的专业语言。

2. 科学性

教学语言是完成教学任务、达到教学目的的有力工具,必须具有语言学意义上的科学性以及学科意义上的科学性，做到规范、准确、专业、严密，这就要求教师的教学语言具有科学性。尤其，化学有其自身的语言，必须要准确运用化学术语，切忌口头禅。例如：

在化学课堂教学当中，"溶解"不能说成"化了"，"凝聚"不能说成"冻了"，"振荡"不能说成"晃动"等等。

3. 规范性

教学过程是一个复杂的传授知识、形成技能、培养能力、启迪智慧的过程，教师不能根据自己的个性使用随意性太强的语言，更不能说脏话、粗话、大话、假话。这就要求教师摒弃个性语言中的松散、随便、零乱等缺点，保留良好的个性语言的生动、活泼、亲切、自然等长处，充分体现教学语言的规范性。

某教师在讲授"认识水在人体中的作用"时，本身是用"发烧时，人体靠出汗来降低体温"这个生活中的例子来说明水在人体内的调节体温作用，但在表达时没有注意语言的规范性，表述成"人发烧会排出大量的汗"。

这显然与本来的意思截然相反，课堂反应以及教学效果也可想而知。可见，教学语言的规范性是取得良好教学效果必不可少的因素。

4. 情感性

唐代大诗人白居易说过："感人心者莫先乎情。"教师要将"理"传达给学生（晓之以理），必须做到"情通"（动之以情），然后才有教育意义上的"通情达理"。也就是"亲其师，信其言"，使学生乐于接受教师的教诲。有经验的教师，也一定会把师生的情感交流放在信息交流之前。如果教师获得了学生的喜爱，教学效果就一定会好。所以，教师在课堂教学中传授知识、教育学生时，要用饱含真情的语言，使学生的情感受到感染，并引起心理上的共鸣，从而为教学目标的实现提供积极的情绪氛围。也就是说，教师应当加强对教学语言的修炼，争取做到：范读叙述，情真意切，真挚感人，具有感染性。例如：

在讲"工业的血液——石油是动力资源"时，某教师用充满激情的语言导入："在祖国辽阔的土地上，可以看到来往如梭的汽车在公路上行驶，火车在铁路上奔驰；在蔚蓝的天空，飞机在翱翔；在江河湖海里，轮船在航行；在广阔的田野里，拖拉机在耕作……所有这些，同学们是否想过，它们都是以什么作为动力燃料呢（石油产品）？如果没有它，交通就瘫痪，工厂就停产。所以，人们称赞石油是'工业的血液'，真是当之无愧呀！"

相比较"飞机、火车、轮船、拖拉机等的开动都是以石油的产品为动力燃料，所以人们称石油为'工业的血液'"而言，教学效果是完全不同的，因为学生领悟的知识不再是死板的、教条的、苍白的，而是注入了色彩、融入了力量、焕发着科学精神的。

5. 形象性

教学语言的形象性是指教师在课堂教学中，运用妙趣横生、生动形象的语言,把抽象的知识有声有色、情景逼真地表达出来,化无形似有物,牢牢吸引学生的注意力,使学习活动化难为易,变枯燥为有趣。例如:

向学生介绍怎样做中和滴定的实验时,教师可将滴定过程先快后慢地描绘为:"咝——犹如飞流直下;滴……一滴……犹如雨过屋檐之滴水;半滴、半滴,犹如饱蚕贪嚼桑叶。"

6.启发性

教学语言的启发性,是指教师在课堂教学中,运用寓有深刻含义的灵活的启发性语言,激发学生积极思维,从而产生广泛的联想,加深对所学知识的理解,主要表现为巧设悬念、含蓄蕴藉、耐人寻味、发人深省。美国科学家本杰明·富兰克林说:"谈话艺术的第一要素是不让听众知道你接下去说什么。"课堂教学语言同样追求这种悬念效果,因为在教学语言中设置悬念能够造成一种峰回路转、扑朔迷离的情境,可以调动学生的期待心理,激发学生积极思维,从而培养学生的思维能力。另外,教学中的含蓄是一种意不浅露、语不穷尽的状态,也是启发学生思维的重要手法之一。例如:

在讲"碱的通性"时,教师为了澄清究竟是酚酞试液使碱溶液变色,还是碱溶液使酚酞试液变色,在总结时向学生提出这样的问题:"有人说,无色的酚酞试液使氢氧化钡变为红色,这种说法对不对?请同学们思考一下。"

以此调动学生的积极性,启发学生积极动脑思考问题,不仅加深了学生对酸、碱指示剂的理解,更可促进学生注意运用语言的准确性和科学性。

教学语言的启发性还体现在教学中运用追补语(又叫插说,穿插讲些有关事例或知识)、引导语(如"关于这个问题,同学们想一想"、"是不是可以这样领会"等引导思路、引导方法)、商讨语(以一种商量、讨论的口气来引导、诱导)、设疑语等等。

7. 趣味性

前苏联教育家斯维特洛夫指出,"教育家最主要的,也是第一位的助手就是幽默"。课堂教学,从本质上说,是一种单向性的交流,往往使学生感到疲倦,注意力易分散。如何在课堂教学中减轻或消除学生的疲倦感,自始至终抓住学生的注意力,已成为许多教师尤其是青年教师必须研究和解决的难题。大量的实践证明,教学语言的趣味性在解决这一难题上的效果十分明显。因为风趣的教学语言,能够吸引学生的注意力,并促使其精神亢奋、思维活跃,对教学内容产生"海绵吸水"的效应。所以,有人把"趣味性"比作教学语言中的"食盐",的确是有滋有味的。例如:

在讲"铝"一节内容时,有的教师用如下一段风趣的语言导入新课:"铝是地壳中含量最多的金属,有人说铝是20世纪的金属,它确实当之无愧。然而你可曾知道仅仅在一百年前,铝是那么昂贵。门捷列夫因发现周期律的卓著成就而获得了一个作奖品的铝杯，拿破仑在宫廷盛宴中一人独享使用铝制餐具的殊荣。几十年后铝的身价暴跌，一下子涌入寻常百姓家，这一令人瞠目的变化归于一位年仅22岁的大学生霍尔。他因发明了电解法炼铝的可行性工艺而受到赞誉，至今在霍尔的母校仍耸立着他的全身塑像，激励着后人去奋斗探求。为什么铝的含量在金属中首屈一指，而广泛使用的时期却姗姗来迟呢？这正是铝的化学性质所决定的。我们今天就要了解一下使霍尔大伤脑筋的是什么？"

这段趣味性的语言能引起学生极大的兴趣，激发学生强烈的求知欲。

8.审美性

教学语言的审美性表现在三个方面：一是语言的使用要美，如使用优美的词汇、甜美的语音、悦耳的语调等，发音准确，吐字清晰，措词恰当；二是语言的流程要美，叙事说理条理清楚，全面周到，具有天衣无缝的衔接美、动静交错的起伏美、抑扬顿挫的节奏美等；三是教师要利用语言创设一种引人入胜的优美语境，给学生以浓郁的审美享受。

二、教学语言的使用技巧

同一句话，会说的把人说得笑起来，不会说的把人说得跳起来。同样，在课堂教学中，同样的内容，有的教师会让学生感觉听课是种享受，而有的教师会让学生感觉听课是在受罪。其实，课堂效果不同的原因，除了教师的功底和教育思想之外，还与教学语言的使用技巧有很大关系。可见,课堂教学语言要达到有效传授知识技能、表达思想、传达情感、引导学生行动的目的,必须对学生具有深深的吸引力,这就要求教师在课堂教学中讲究语言艺术,运用一定的教学语言技巧。

1. 教学语言通俗但不模糊

有人说:"中小学老师每天在用大家都懂的语言来描述大家都不懂的东西。"这句话形象地说明了,中小学教师高度重视教学语言的通俗性。教学语言的科学性只有与通俗性相结合,才能生动形象,通俗易懂,富有感染性和吸引力。但需要注意的是,通俗的教学语言,同样需要字斟句酌、准确精练,不能模棱两可、模糊不清。例如:

某小学数学教师问一年级的学生:"8减去一半是几?"一个学生踊跃举手,站起来说:"横着'剪'是0,竖着'剪'是3。"教师面无表情,哑口无言。

我们能说这个学生回答的不对吗?这个学生表现出了成人都不一定具备的灵活思维能力,尽管他的回答不符合教师的预期,我们仍然应该为他敏捷的思维鼓掌。教师教学语言模糊不清,就会出现指向不明,界定不严等情况,从而为多向思维的进入提供了空间。学生可能会按照自己的想法来思考问题,结果就会使本应有确切解决路径和答案的问题出现多义性理解和多样性解答。所以,教师的课堂教学语言要通俗易懂,更要表意清晰。

2. 教学语言抑扬顿挫、有声有色

教师的课堂教学语言要抑扬顿挫、有声有色，这是对教学语言的声音变化提出的要求。声音的语调、语速、音量、音调的大小不仅能强调不同的信息重点，甚至能改变语言的意思。例如：

当一个人说话速度太快的时候，常常传递着并非其本意的信息，即所说的内容并不重要，可以尽可能快地说完。相反，如果语速较慢，则说明所说的内容非常重要，值得注意。

有研究表明，"高音调的声音能刺激信息倾听者的神经，从而使他们的注意力从听到的词语上转移；太高的声调反而会将听者的注意力转移到声音本身而不是所说的内容"。因此，教师必须学会用声音来强调要表达的要点，学会根据课堂气氛变化声音的强度，并能让班上每个学生都能听到，但在调节声调的时候应该注意不要分散学生的注意力。

教师在讲课时，若语调较高，就适当控制音量；若语调较低，就适当增大音量。这是因为，如果教师的课堂教学语言语调高，音量再大，就容易使学生紧张疲劳；反之，如果音调低，音量再低，就会使学生感觉有气无力，容易昏昏欲睡。

另外，声音的变化同样可以传达情绪的信息。大声说话或常常变化语调，在交流的时候表达的信息是兴奋、热情；而慢速平稳的声音有时候表达的是不感兴趣。名师魏书生说："音量、音调、音速的变化能影响人的情绪、兴趣，但这些都是声音的形, 而不是声音的神。声音的神的变化, 才具有最大的感染人的力量。什么是声音的神呢? 就是说话的情感。"可见, 富于情感的声音变化才会抑扬顿挫、有声有色, 而抑扬顿挫、有声有色的教学语言又能使教学过程充满情感色彩, 加深学生对所学内容的心理体验。

总之, 运用声音的技巧能够帮助教师与学生进行交流, 使学生专注于学习, 维持积极的课堂环境, 并且始终吸引学生的注意力。

3. 教学语言幽默含蓄, 比喻恰当

研究表明, 几乎所有的学生都喜欢具有幽默感的教师。教师幽默的语言可以创设良好的教学气氛, 含而不露地启发学生联想, 出神入化地推动他们领悟知识。但是, 教师在课堂教学中的幽默, 也要注意分寸, 不能滥用, 更不能为了幽默而伤害学生。例如:

有个教师上课时看到某学生在打瞌睡, 便停下正在讲解的教学内容, 奚落道: "大家知道猪的爱好是什么吗? "全班同学哄堂大笑, 打瞌睡的学生醒了, 课堂也开始混乱了……

在这个案例中, 教师以猪来讽刺挖苦打瞌睡的学生, 虽然逗乐了大家, 但不仅伤害了那个打瞌睡学生的自尊心, 而且教师自己扰乱了课堂教学秩序。事实上, 当发现有学生在课堂上睡觉时, 教师首先考虑的应该是自己教学的吸引力问题。如果自己的教学本身就很枯燥乏味, 对学生没有吸引力, 那就要通过改变自己的声音变化或讲解方式等来调动学生的听课积极性。一个非常有效的方法是：

教师在讲解完一个知识点后，忽然大声地说："这个内容是考试的重点，需要同学们记住！"睡觉的学生也必然会被惊醒，并开始集中注意力听课。

这也是一种幽默，但效果截然不同，因为教师抓住了"考试"这个所有学生的弱点，而不是"睡觉"这个个别学生的弱点。可见，课堂教学中的幽默，只有适应教学需求，比喻恰当，情趣健康，才能收到理想的教学效果。

第二节 师范生常见的教学语言问题及诊断

一、语速快

通常情况下，师范生的课堂教学语言都存在语速快的问题，具体表现为以下几个方面：①语速快，声音小，使学生听得昏昏欲睡；②语速快，口误多，张冠李戴，使学生听得满头雾水；③语速快，声音大，不一会儿就有点喘，使学生听得也喘不过气来；④语速快，讲课时又面对黑板，边讲边在板书下面乱画，结果是教师讲得多，标得也多，学生记得却少，懂得也少。

课堂教学语速快不好，语速太慢也会使学生的思维处于疲散状态，形成不了兴奋的优势，同样，语速始终不快不慢也会分散学生的注意力。也就是说，如果课堂教学语言从头至尾都是一种语速,那么,语言的节奏美就无从说起了。

快、慢、中三种语速是构成教学语言节奏的三种基本语速,在实际的课堂教学中,要根据内容的波澜起伏而抑扬顿挫、声情并茂、轻重适宜、快慢合适、张弛有度,从教学节奏上切合学生的认知规律,符合学生神经系统的兴奋与抑制的转换规律。例如:在突出教学重点、分散教学难点时,要缓慢而郑重地讲,让学生有回味咀嚼的过程,甚至可以反复地讲,以期学生加深印象;在交代一般内容时,要简明而轻快地讲,让学生轻松地了解概要。

二、教学语言缺乏规范性

某师范生在讲"燃烧和灭火"时说,"燃烧的第一个条件是物质必须是可燃物,……"

其实,燃烧的三个条件没有先后顺序,在教学中尽量不要使用第一、第二等带有顺序性特征的词语。再比如:

某师范生在讲"钠与水的反应"时,做了演示实验,将钠放入水中时说:"同学们,使劲看。"可是后面的学生还是看不清楚,于是,这位教师端着正在进行实验的烧杯,走下讲台给学生们看,边走边问:"冒烟吗?……"

该教师不仅在教学语言上缺乏规范性,而且在实验操作上也缺乏规范性,这个实验会放出大量的热,绝对不应该拿在手里在教室里走动。如果学生看不清楚实验现象,可以让学生靠前一些,或者依靠多媒体手段将实验现场投影到大屏幕上。

另外,教学口语要用化学语言,如"写反应方程式"不能说成"写反应情况","变浑浊"不能说成"变白"等。有时,教师为了语言的通俗易懂,而出现教学语言的科学性错误,如将"降低温度"说成"降低白磷的着火点",将"可燃物的温度达到着火点"说成"可燃物达到着火点"等。当语言的科学性和通俗性发生冲突时,应服从科学性原则。

紧张是导致教学语言失误的又一个原因。有个师范生在讲"化学反应速率"时,由于紧张,在用"刘翔跑步、蜗牛爬行"等图片刚引入主题后就提问学生:

"哪位同学可以给化学反应速率定义一下?"

显然这个问题提得有点早。"紧张"往往能打乱教师的课堂教学行为,再比如,有个师范生在讲"酸和碱的中和反应"时,进行了课堂演示实验,但由于紧张,演示时手抖个不停,致使要滴入试管中的药品滴在了手上,而且加入碱中的酚酞加多了,再加酸后,红色不退,直到试管都要被加满了,红色还没有退掉……紧张是一种心态,没有马上消除紧张的技巧,只要放松心情,反复练习,熟能生巧,紧张情绪便自然而然地会消失。

三、语言的气势弱

多数师范生在讲课时语调平淡,语言气势弱,只是自己在陈述,没有"讲课"的味道。尤其对于一些故事性的内容,"讲"

的比文字还要呆板，还要伴随没必要的板书，自然调动不起学生的积极性。再加上对所讲的内容不熟悉，要么站在讲台上想要讲什么，要么低头看教案，致使教学语言不流畅，教学内容更讲不清楚。

既然是"讲解"，就要融入情感和艺术成分，声情并茂地为学生解释清楚原因，而不一定要有那么多的板书。如果非要板书，也是在学生有疑惑时，用板书加以解释说明，而不是随意打断讲解来板书。

四、口头禅多

多数师范生在讲课时伴有口头禅，如"由于时间特别短……"、"你们想一下，找个同学……"、"那个……"、"噢……"、"希望同学们认真听……"，这也是一种语言不流畅的表现。

口头禅是一种习惯。新手教师在执教之初，如果刻意控制，就不会成为一种教学语言习惯，也就没有口头禅了。如果不加控制，使其成为一种教学语言习惯，在以后的教学生涯中就很难克服了。所以，建议师范生在进行教学技能训练时，要刻意消除口头禅。

第二章　教学体态艺术

如果我们与别人背对背站着聊一个大家都感兴趣的话题，会有什么异于往常的感觉呢？

如果在交流时看不见彼此的口形、表情和动作，结果就会出现明显的交流障碍和问题。所以，通常情况下，人们都会认为正常的交流不应该在"背对背"的情况下进行。这也说明，并非所有的交流都是听得见的。有时，"看见的"或"感觉到的"身体动作可能会传递出更多的信息。

体态传播者伯斯惠斯托指出，"二人进行传递信息时有65%是体态语言传递的"。例如，我们在与人面对面说话的时候，有时要打手势，眼睛也要盯着对方，这样你的语言配合着眼神和手势，就会让对方会意；如果你背对着对方说话，或是闭着眼睛和对方说话，交流效果可想而知。可见，体态语言在交流过程中的重要性。

第一节　教学体态及其教学功能

一、教学体态

在课堂教学过程中，教师要把大量信息传递给学生，仅靠语言交流是不够的，还要依靠非言语交流。所以对教师来说，非言语交流就显得更为重要。

非言语交流要靠教师的体态语言，也称为教学体态，是指教师在课堂上的仪表、表情、手势、体态、动作等非言语信号，是课堂教学中师生进行信息交流的重要通道。

二、体态语言在课堂教学中的功能

那么，在实际的课堂教学过程中，体态语言有什么功能呢？

图2-1

如图2-1所示，当上课的铃声响了，教师走进教室，把相关的教学用具放在讲桌上，然后打开书，拿起粉笔，对同学们说："我们可以开始上化学课了吗？"在这个过程中，教师通过自己的动作和语言传递给学生至少三个方面的信息。

第一，虽然教师以商量的口气给了学生一个问句，但是，教师的姿态、动作已经很清楚地表达出了"化学课现在要开始了"的意思，根本没有商量的余地，问句其实是一个命令。也就是说，体态语言使教师要表达的意思得到加强。

第二，通过教师的姿态、动作传递出的另外一个信息是，"接下来的一节课，大家要在我的主导下学习，也就是说，我是这儿的老大"。而学生也会用他们的体态语言来做出相应的回复，如赶快坐好，安静地看着老师等，表示"准备好了，可以开始上课了"。可见，教师使用体态语言能调节和学生的关系。

第三，教师拿起粉笔的这个姿势表达出的意思是，"现在要仔细听讲了！"但他根本不需要说出这句话。也就是说，教师使用体态语言可以控制教学进程。

图2-2

但有的时候，教师口头表达的信息有可能与他体态语言所传递出的信息不相符，如图2-2所示。面对教师如此自相矛盾的信息，学生该怎么办呢？

在日常生活中，如果有人面带诡异的微笑却和你说着心里话，你会是什么感觉？相信还是不相信他的话？通常情况下，人们都不会相信他的话。同样的道理，当学生面对教师自相矛盾的信息时，一般都会选择"比较肯定的行为"，会考虑到糟糕的情况。

当言语信息和非言语信息之间出现矛盾时，通常后者更可信。但是，无论哪种情况，非言语的提示都影响着人对信息的理解和态度。所以，体态语言的应用需要一定的技巧。

教师站在教室里时，一般都会选择能看见所有的学生，也能被所有学生看见的位置，为什么？因为教师要和尽可能多的学生进行非言语交流。也就是说，教师要恰当地使用体态语言，充分发挥体态语言的教学功能。

第二节　体态语言在教学中的应用

有研究者对100名不同文化层次的学生进行问卷调查，结果表明学生十分注重教师的教态，普遍认为教态对教学效果起着重要的影响。表情、眼神及手势等无声语言生动地呈现出教师的心理活动，充分地反映出教师的气质和人格，是教师形象的真实写照。也就是说，你的教学效果好不好，很大程度上是由你的教学体态语言决定的，可见体态语言具有美化教师形象的功能。例如，同样的两个教师，一个面无表情，而另一个表情丰富，那么学生会喜欢哪位教师呢？答案可想而知，所以说，体态语言在教学中的应用很重要。

要增强体态语言对教学的感染力，教师应着重注意以下几个方面。

一、仪表

仪表包括教师的容貌和衣着打扮。容貌是天生的，我们很难改变，大家不能因为长得丑就把自己的母亲告上法庭，但是我们可以对自己的容貌做简单的修饰。当然，也不要为了仪表好就去做整容手术。尽管我们很难改变自己的容貌，但是我们的衣着打扮可以尽可能地体现出教师的职业特点。

首先，教师的发型要得体，要适年龄、性别、职业、头型的特点，不能头发蓬乱就上课，课前要梳理，使之发型整齐。发型整齐一方面需要梳理，另一方面在设计发型时就要和自己的年龄、性别和职业特点相适应，尤其年龄特点需要女教师注意，不能把头发染色。需要强调的是，男教师不要留长发，胡须要经常剃刮，保持整洁美观；女教师不要浓妆艳抹，要着淡妆。有调查显示，中小学生喜欢教师化淡妆。

另外，教师不要戴墨镜上课。如果你用黑色的眼光去看学生的话，学生也会用黑色的眼光来看待你，而且效果相同，所以，为了别人清晰地看你，你就不要用有色眼镜。现在戴眼镜的人越来越多，眼镜的种类和形式也越来越多，所以，教师在选择眼镜的时候，也要考虑自己的职业特点，尤其不要戴墨镜上课。也不提倡教师选择变色眼镜，因为变色眼镜在由户外的有色转变为室内的无色时，是需要一定时间的。尤其是农村牧区的学校，教室几乎都是平房，如果教师踏着上课的铃声走进教室，在上课的头几分钟就会受到眼镜的影响，而上课开始时又是一节课中最重要的部分，所以，教师不宜选择变色眼镜，但是教师可以有多副眼镜，在不同的光线下换着用。

其次，教师的服饰要体现如下三美：①称身适体美。"称身"是指与教师的身份、职业相称，与教师的年龄、性别相称。"适体"是指与教师本人的身材、体型、肤色适合。②和谐美。一是要做到与环境、气候、场合、民族、颜色、个性和人们的审美心理的和谐，二是要注意服饰自身各部分之间的和谐。③朴素大方美。教师的服饰要整洁；色彩不能太艳，要以明快的色调为佳；式样要大众化，庄重又要有特色，不要穿奇装异服，否则会给人妖艳之感，会招来学生好奇的目光，分散学生的注意力；也不要卖弄阔气，给人庸俗之感，应在朴素大方中显示高雅端庄。

或许你"潇洒"的着装在大街上很漂亮，但是站在讲台上，会有50位学生的100只眼睛盯着你。也就是说，教师的衣服大小以及颜色的搭配要适合自己的体型，尤其女教师在上课时，不要穿坎袖上衣，更不要穿吊带背心、短裙，饰品一般同时不超过三件。相比较而言，穿西装比穿普通服装效果好。所以，当我们在展示自己的时候，就要在穿着上给人舒服的感觉，有的时候细节可以影响到成效。

再次，教师在课堂上不宜穿高跟皮鞋或钉掌的皮鞋，以免发出较重的响声，破坏课堂气氛，影响学生听课。也不要穿拖鞋上课,这样既不雅观,也不文明。特别强调的是,男教师不要穿拖鞋上课,更不要短裤配拖鞋去上课。

二、表情

有研究表明,在言语、声音、面部表情这三种信息传递方式中,言语信号占7%,声音信号占38%,面部表情信号占55%。例如,当我们在听一个人的讲座时,如果光靠他语言的吸引力,我们可能只能记住他所讲内容的很少一部分,但如果他的声音很好听的话,我们可能会记住较多内容,如果他的面部表情很丰富活跃的话,我们就会记住他所讲内容的绝大部分。教师在课堂教学过程中,为了让学生收获到更多的信息,就要充分地利用声音信号和面部表情信号,恰当地运用体态语言。

你不要认为只要语言流畅,站在那一本正经地讲就可以讲得特别好,但是如果你不注重运用体态语言的话,有一部分信息就传达不到学生那里。

表情主要指面部表情,是人内在情感的外部流露。在表达人的内心感情上,面部表情传递的信息仅次于言词。所以,教师需要学会运用某些表情来表达一定的信息。例如,教师常常用愤怒的表情来控制正在违纪的学生,用幽默的表情来缓和紧张状态或让学生集中注意,用微笑表示肯定许可,用皱眉表示不支持、不允许等。

同一个人,从不同的表情我们可以猜测出他不同的心理状态,有的高兴,有的吃惊、有的尴尬,还有的是痛苦等。就算同是高兴的表情,也能有不同的面部表现,可以看出他高兴的程度不同。这些表情是通过面部肌肉运动表达出来的。

有一项调查研究显示,理解体态语言的能力最强的职业是演员,而教师在这项调查中排行第五,所以,向演员学习体态语言的应用是应该的。一方面因为演员的表情丰富,既不是面无表情,也不是一种表情;另一方面演员很好地表现出了表情的艺术性。

做教师的,同样要能把不同的情绪用不同的面部肌肉运动表现出来,要学会恰当地利用面部表情,有效地传递信息和形成良好的育人氛围。这就要求做到以下几个方面。

(1)自然大方。教师表情必须是真情的自然流露,而不是装腔作势,一副皮笑肉不笑的假面具;要以对事业的执著和热爱而表现出情绪饱满、热情大方,给学生以一种精力充沛、充满生机之感,再以自然大方、生动形象的脸部表情来吸引学生,切忌忸怩作态、矫揉造作。

(2)温和适度。教师在运用脸部表情时要恰如其分,恰到好处,做到嬉笑而不失态,哀痛而不失声,端庄中见微笑,严肃中有柔和,科学、理智地调控自己的情绪与面部表情的变化,使教学活动在正常的情绪曲线上运动。

(3)宽容大度。教师脸上显示出的友善、信任和宽容,往往成为学生自我认识、自我悔过的"催化剂",也是教师教学民主化的反映。

除了面部肌肉运动之外，眼神是面部表情中最富于表现力的部分，也是一个人深层心理的一种自然表现。在表现感情、传达信息方面，眼神具有巨大的作用。眼神能表达许多语言所不易表达的复杂而微妙的信息和情感。如"暗送秋波"，就是眼神的一种巧用。一般用语言不好表达的一些内容，却能用眼神来很好地表达，也就是说，"只可意会，不可言传"、"只能意会，不能言传"、"应该意会，不该言传"的一些信息，通常都是要通过眼神和表情来体现的。所以，在课堂教学中教师更要学会使用眼神。

教师常常在教室里运用眼神来与学生互动。当教师想要某个学生发言的时候，就和那个学生直接进行眼神交流。而当教师想继续讲课时，就避免与任何想发言的学生发生直接眼神交流。有时候，教师通过与学生的眼神交流，能判断出学生是否能回答问题，是否完成了作业，是否在撒谎等等。

直接的眼神交流——凝视，也可用来改变人的行为。当莫名其妙地被别人凝视时，人们通常会有不自然的感觉。这种心理效应应用在课堂上，也会有意想不到的效果。因为沉默不语的凝视，常常能相当有效地引起捣乱学生或听课走神学生的注意。

所以，有人说，"组织课堂教学，第一流的教师用眼神，第二流的教师用语言，最末流的教师施以惩罚"。

眼神在教学中的巧用有如下几种。

（1）全视法。讲课时，教师要把目光投向全体学生，不要专注某一点，使每个学生都感到老师在注意自己。否则就会使学生产生这位老师偏爱某几个学生的感觉，或者产生教师心中没有"我"的失落感。但是，教师的头部摆动幅度不能太大，不要让学生感觉到。

（2）环顾法。教师在讲课时，将目光在全班按一定的方向自然地流转，但头部转动幅度不宜过大。学生接触到这一眼神，会警觉起来，全神贯注地听讲。这种方法可用来控制课堂秩序，及时了解学生反馈信息，检查教学效果。

（3）专注法。教师根据课堂的需要，目光集中注意某一学生或区域，只同个别或部分学生交流视线。运用这种眼神，可以对学生做比较细致的心理调查、引导，启发学生专心听讲，制止个别学生搞小动作。这样可以避免一声训斥而"语惊四座"，导致课堂秩序大乱。

（4）正视法。教师在讲课时，目光始终要与学生保持联系，要正视学生，面对学生。不要斜视学生，看天花板，更不要把目光转向室外或看教案、看教材。这种视线偏移，就会影响学生课堂学习的积极性。尤其在写板书时，也要侧面于学生。

（5）鼓励法。当学生遇到困难，苦思不解时，教师要用愉快、亲切温柔的目光流露出对学生的无限关爱，对学生充满信心，启发学生思考。

（6）联合法。眉和目相连，眉目联合传情。当恼怒时，横眉竖目；当忧愁时，双眉紧锁；当惊异时，眉目骤涨；当兴奋时，眉飞色舞等等。

（7）虚视法。教师眼睛似乎在盯住了什么，给学生一种定点透视的感觉，但老师实际上是"视而不见"，这就是虚视法。新教师初登讲台，常常有胆怯之感，眼睛不敢看学生，就可采用虚视法，视线飘落在第三四排桌，再适当辅之以环顾法，这样就会使学生觉得老师在看着自己从而达到维护正常教学秩序的目的。

前苏联教育家马卡连柯强调，"做教师的一定不能没有表情，不善于表情的人就不能做教师"，"只有学会在脸部、姿态和声调的运用上能用20种风格韵调的时候，才能成为出色的教师"。也就是说，除了面部表情，头部、手臂、手和身体其他部位的姿势同样也是非言语交流的形式。例如，当教师在学生说话的时候点头，就表示同意；如果教师敲打桌子或者跺脚，就能引起学生的注意等等。

三、姿势

姿势是教师在课堂上的举止体态动作，包括头语、手势、站姿、步姿等。姿势运用的恰当，能集中学生的注意力，以生动形象的动作表现教学内容和教师的情感，有助于学生理解和掌握教学内容。在教学实践中，各种姿势的应用要注意以下几个方面。

1. 头语亲切明快

例如，当学生回答问题正确时，教师往往会用点头予以肯定；如回答问题不正确时，教师轻轻地摇一下头，予以否定。这样往往能比有声语言更能简洁明快地表达教师的教学意图和反应，且使学生感到亲切，即便是否定也不会感到尴尬。而且，配合教学内容，巧用头语会加深学生对学习内容的理解。头语的运用要配合一定的表情和具体内容，但值得注意的是，不管什么样的动作，都会对学生有一定的感染力。

2. 手势准确协调

手势在教学中的应用，当与我们的语言协调时，对教学内容能起到一种解释作用，也能影响到教学的效果。但是，在教学中，又不能过多地运用手势。如果说话人过多运用手势，那么倾听者就很难判断出哪些是重要的信息，而且也经常使得倾听者注意说话人的手势，而忽略了说话的内容。

3. 站姿端庄

站姿是最能体现教师的信心和风度的身姿。这种信心和风度通过两方面体现：首先，教师应尽量取正面姿态站立，即使在指点、解释板书内容时，也应处半侧面趋向正面姿态，这样不但可以体现教师端庄的风度，也能时时保持与学生心理联系的空间态势。与学生保持心理联系的桥梁是眼神，如果你背对学生的时间长，就很难和学生建立起这种联系。另外，优秀教师一般在写板书时都处于半侧面的姿态，换一种角度去看，这种姿势很潇洒，能吸引学生。实际上，上课时在内容的精炼度等方面，多数教师的差别很少，主要区别在于教师在讲台上的姿态。其次，站立时腹部要微微收腹，胸部要挺起，下肢要微微分开，这样才能显得富有力量。这一点女教师尤其要注意。总之，教师讲课时的站姿要以安静、端庄为宜，切记依靠黑板、手插裤兜、手撑讲桌。

4. 步姿灵活

教师讲课不能呆板地站在一处不动，需要一定的走动配合。但步姿要注意与教学内容以及课堂气氛和谐一致。教师富有节奏的步伐不但不会引起学生的有意注意，而且可以产生"可视性"的美感效应。

尽管在教学中对教师的要求很多，但教学的主要内容还是主要靠教师的讲。不管你的仪表、动作如何，教师的主要目的还是要让学生明白自己在说什么。也就是说，所有的体态语言都是在辅助教学，不能喧宾夺主。因此，在教学中要恰当地运用体态语言，要少而精，不能滥用，否则会使学生眼花缭乱，应接不暇，效果将适得其反。

第三节　师范生常见的教学体态问题及诊断

一、教学体态不自然

常见的不自然的体态动作表现为：①边讲课，边抖手中的粉笔；②边讲课边掰断粉笔，并随手将粉笔头扔在地上；③在讲台上总是走来走去，而且下脚声很重；④边讲课边抖腿；⑤在讲台上总是转来转去地绕圈；⑥在讲课时总是摇胳膊；⑦讲课时手插裤兜，并在讲台上老走动；⑧在讲课时，总是用手摸鼻子或脸；⑨在讲课时，经常用手拨弄头发……

多数情况下，出现上述不自然的体态动作的原因，主要是由于紧张而产生的不由自主的身体反应，致使在讲课时身体姿势动作和教学内容不协调。另外一个原因是不自信，不确定自己能否掌控学生和教学内容，从而顺利地完成教学过程。

玩弄粉笔或扔粉笔头这类动作，不仅浪费，而且会给学生留下不好的印象；手摸鼻子、脸或拨弄头发，这类动作很容易把粉笔抹到脸上，引起学生的哄笑和议论，给自己制造尴尬局面，同时扰乱课堂秩序；不协调的走动和抖动等，都极易引起学生的有意注意，分散学生对教师讲解内容的注意力……这些由于紧张所致的不自然的教学体态，一般只是新手教师才有的问题。随着教学时间的增长，这种紧张情绪通常会自然而然的消退。但是，如果新手教师不注意克服这些不自然的体态动作，使其成为了教学习惯，就会伴其一生，严重影响到教师的形象。所以，在课堂教学中，新手教师一定要克服这些不自然的体态动作，或换一种方式来消除紧张情绪。

通常情况下，消除课堂紧张情绪的方法有以下两方面。

（1）课前精心准备。上课前认真备课，熟悉教学内容，充分了解学生情况，预设各种课堂问题并想到解决策略等，用胸有成竹、自信来消除紧张情绪。

（2）新课教学开始之前，先给学生讲一个故事或笑话等，来活跃一下课堂气氛，同时放松自己的心情，拉近与学生的心理距离。当自己适应了站在讲台上与学生面对面交流的时候，再开始新课教学，就不会再紧张得不知所措或动来动去了。当然，放松心情的环节不能耗时过长，尽量在1分钟之内搞定。

二、穿着打扮不注意教师形象

有的师范生认为，教师和大学生在穿着打扮上的不同主要在于是否穿了高跟鞋。所以，很常见的一种现象是，站在讲台上的女师范生穿了一双和衣服不是很协调的高跟鞋。然而，穿了高跟鞋以后，不但在讲台上来回走动时产生了很大的声音，而且走起来也很不方便。对于未来的男教师而言，常见的形象问题是头发长、夏天穿半腿裤和拖鞋等。

此类问题的出现，主要原因在于人们对自我形象的满意程度超出了对教师形象的刻画。通常情况下，人们心中的教师形象主要在于渊博的知识、得体的语言和善解人意的情感等, 很少关注教师的服饰, 所以, 人们往往忽视对教师穿着打扮的要求。

励志导师戴尔·卡耐基认为, "我们身边的一切用具和陈设都是揭发我们习气最忠实的证人。我们的行动、谈吐、态度、举止、眼睛、衣服、装饰等也都在老实而毫不客气地告发我们是一个怎样的人"。所以, 教师一定要注意自己的衣着打扮符合教师职业的特点, 既不哗众取宠, 也不太过随意。华丽的服饰会吸引学生的注意力, 分散教学主题; 而太过随意的服饰又会影响教师在学生心目中的形象, 使学生降低对教师的评价。

尤其是新手教师, 在刚与学生接触时, 更应注意自己在学生心目中的外表形象。在日常教学中, 建议新手教师本着得体大方、方便举手投足、没有噪音、颜色搭配和谐等特点选择服饰; 在参加比赛或讲公开课、观摩课时, 建议教师最好穿正装。

三、讲课时要么手撑讲桌, 要么面对黑板背对学生

有的师范生形象很好, 但站在讲台上习惯于手扶讲桌, 给人一种懒洋洋的没有精神的感觉。因为板书的需要, 好不容易离开了讲桌, 但目光又不敢正视学生, 总是面对着黑板边讲边板书。讲课时 "面对黑板, 背对学生" 是大多数师范生的通病, 出现这种现象的原因主要还是紧张。

手扶讲桌多数情况是习惯问题。如果师范生习惯于讲课时

手扶讲桌，就会使这一动作成为他们脑海中的行为定势，从而在自己的课堂教学中不由自主地出现这一动作。讲桌是隔离在教师和学生中间的唯一物体，不言而喻，站在讲桌后面的教师在学生心目中是唯一的、高不可攀的，甚至是不可冒犯的。如果教师经常站在讲桌的前面，就会给学生一种亲近感；相反，如果教师经常站在讲桌的后面，就会给学生一种距离感。所以，教师在讲课时，尽量离开讲桌，一方面可以拉近与学生的距离，另一方面还可以体现出教师良好的精神风貌。

讲课时面对黑板，为爱捣乱的学生提供了捣乱机会，为突发事件的发生也搭建了平台，课堂秩序非常容易乱。而且，教师好象是自己给黑板讲一样，与学生既没有互动，也没有眼神交流，不利于师生之间的信息传递。尤其在讲解例题时，面对黑板，好象是被老师叫到讲台上做题的学生一样，只管自己在黑板前做题，完全不考虑下面的其他学生，非常不利于学生对知识的理解和掌握，更不利于教师收集教学反馈信息。所以，教师在讲课时，一定要正视学生，就是在写板书时，也要半侧面向学生。一般来说，教师不应该长时间地专注于书写板书，而是边讲解边书写，讲解时就要面对学生，从与学生的眼神交流中捕捉学生对知识的理解和掌握程度。如果需要同时书写大量的板书，也要写到关键处时停下来和学生进行一下眼神交流，然后再接着写。总之，在课堂教学中，教师要始终与学生保持接触，不管是用体态语言，还是用非体态语言。

四、只读不讲

有的师范生讲课时，不脱稿，总是低头读教案，甚至在读稿的过程中还经常出现口误；还有的师范生是教学时看着大屏幕读PPT上的内容，PPT上的内容与教案上的内容一模一样。这种只读教案而不读学生的教学是没有任何教学意义的。

因为教学是由教师的教和学生的学组成的双边互动活动，如果不关注学生的学，教师的教就失去了其本身的意义，成为无效劳动。如果关注学生的学，那么，教师的教就应该围绕学生的学进行；教师的教就应该是根据学生的需求对教学内容进行相应的讲解，使学生逐步地理解知识、领会意图，从而学会学习。讲解包含听讲人对所讲内容的回应，如果听讲人不明白所讲内容，讲解者就要重新讲解，直到听讲人明白为止，而"读"只包含读的内容本身，不管听的人是否理解了所"读"的内容，只要"读"完即可。所以，只读不讲，只关注教案而不关注学生，就不属于课堂教学。

师范生在进行教学技能训练时，就要习惯于脱离讲稿，将教案上的内容内化为自己的知识，然后按照学生容易理解的程序，用通俗易懂的语言传递给学生。只有这样，在登上讲台时，就不会出现"只读不讲"这类无益于课堂教学的现象。

五、不善于控制情绪

有的师范生在进行教学时喜欢使用幽默的语言,但在逗笑了学生的同时自己往往也笑个不停。这类不善于控制情绪的现象,在新手教师当中也很常见。

诙谐幽默的教学语言,能创造出和谐愉快的教学气氛,所以,有经验的教师经常会用幽默来打动学生,其课堂表现往往是学生被逗得兴高采烈,而教师却若无其事地继续将学生的激情推向课堂教学的高潮。然而,新手教师通常容易被学生的情绪感染,又不善于及时捕捉学生由激烈情绪所产生的思维兴奋点,所以在使用幽默的手法时,让自己的情绪波动影响了对有利教学时机的把握。

因此,新手教师首先要学会控制情绪,做到"嬉笑而不失态,哀痛而不失声",才适合使用诙谐幽默的手法进行教学,才能充分发挥出幽默手法的教育功能。其次,幽默的语言也要提前设计,才能与教学内容和谐融洽,才能调动学生的学习情绪。课堂上信口开河的幽默语言,只能逗笑学生,却不一定能与教学内容有效衔接,新手教师在课堂教学中尤其要注意这一点。

六、实验操作不规范

在物理、化学的课堂教学中,经常会有演示实验,师范生在进行课堂教学技能训练时,也经常做演示实验。但是,师范生在进行演示实验时, 通常存在两个问题: 一是实验操作不规范, 如使用天平时, 用手直接拿砝码; 二是实验做得不成功。

实验操作不规范的原因主要在于师范生的实验技能差, 在平常的学习生活中, 对实验操作的练习较少。目前在师范教育中, 对学生实验技能的培养, 多数情况下是靠记忆和背诵, 具体操作实践的机会很少, 而且, 师范生也不珍惜这些仅有的实践机会, 认为中学的实验没什么难度, 靠自己的理论知识完全可以操纵。不料, 无论多么简单的实验, 如果不具备一定的实验技能, 还是会出现操作不规范, 甚至是实验不成功的情况。

另外, 实验操作不规范或实验不成功, 也说明课前准备不充分。多数师范生低估课前准备的重要性, 在备课时, 只从理论上设计了演示实验, 并不实际做一做, 而是天真地认为, 只要理论上可行的实验, 在实践中就能成功。事实上, 理论上可行的实验, 在实践中还会受到其他因素的影响, 如药品是否过期、温度是否适宜、操作是否规范等等。有经验的教师, 再简单的课堂实验也要在课前做一做, 以掌握实验成功的关键, 探寻实验药品的最佳剂量, 为课堂教学的顺利进行打好基础。这样就不会出现课堂教学失误, 更不会浪费宝贵的教学时间。

课堂演示实验对学生实验技能的培养具有示范作用, 如果教师的演示操作不规范, 就会让学生认为"这样的操作也是可以的", 为后续的实验安全埋下隐患。如果教师的演示实验不成功, 就会影响教学的流畅性, 使教学停滞; 若处理不当还会影响学生对教学内容的理解和认识，从而影响教学效果。演示实验不成功，往往需要重新演示或用其他办法代替，必然要浪费教学时间；同时，会危及教师在学生心目中的形象，使学生认为教师不专业等等。所以，新手教师既不要低估中学的教学内容，也不要高估自己的教学能力，认认真真地专研中学的实验内容，扎扎实实地锻炼自己的实验基本功，只有这样，才不会出现实验操作不规范或实验不成功的尴尬局面。

为了防止实验教学失误，新手教师应做好如下两个方面的工作。

（1）课前精心准备。上课之前，要熟悉实验操作的程序和规范，认真准备实验所需要的各种材料，并亲自进行课前的预备实验，发现问题提前处理，保证上课时的正常运转。

（2）课上细心操作。虽然经过了认真的课前准备，但在课堂教学实际操作中，还是要细心操作，不能麻痹大意。因为每一次操作都是一次新的经历，有可能产生新的情况，所以，教师必须始终保持谨慎的态度，细心操作，防止由于细节疏忽或情况变化而导致的失误。

第三章　教学板书板画艺术

黑板是课堂学习中最重要的教学媒体,写板书是传统教学的支柱。虽然随着技术的不断革新,幻灯片、投影仪等现代教学媒体也逐渐走进教室,但黑板的作用仍然不可取代。所以,教学板书板画技能永远是教师的必备技能之一。

第一节　教学板书

一、何为教学板书

板书是利用简练文字、符号、字母和图形等将课堂教学内容概括地、精练地书写在黑板上形成的板面。它是课堂教学的重要组成部分,是传递教学信息的有效手段,是教师口头语言的书面表达形式。板书的结构可分为正板书(板书的中心或主体部分)和副板书(主体板书的辅助部分)。

正板书包括备课过程中设计好的相对固定的内容,是教师讲授内容的纲要,能体现教学思路,概括出教材中的主要内容和揭示概念之间、物质之间的内在联系、规律。正板书要保持整洁、规范,不能随意擦掉,以留作课末小结之用。副板书包括教学过程中针对具体问题、具体情况即时书写的信息,是以说明、解释、补充正板书的文字、数字、具体事例以及对讲课中所涉及的旧知识的提示为内容的板书。副板书随用随写,用完擦掉,以保持板面整洁,突出正板书,集中学生注意力。

二、板书在课堂教学中的作用

教师设计板书的过程,是一种教学艺术再创造的过程,也是对教材分析、把握、浓缩和转化的过程。板书是教师教学的辅助手段,在课堂教学中具有很大的作用,具体表现为:首先,板书能够简洁系统地呈现知识要点及其形成的过程,有利于教学过程中强化教学重点和难点。其次,板书对于演示思维过程具有一定的示范作用,能促进学生对所学知识的理解、记忆,有助于学生对思维过程与方法的认识。再次,课堂教学板书是教师组织教材能力的外部表现,在很大程度上能反映出教师的工作态度,对学生发挥着潜移默化的影响。设计巧妙的板书有利于端正学生的学习态度,形成良好的学习习惯。

三、板书设计的基本要求

1.科学准确,少而精

板书语言要做到准确无误,大小标题的书写要规范,要采用统一的格式。不允许教师在设计板书时出现错字、别字、漏字或是语句不通、语言表达不准确等错误。一般来说,板书是课堂内容的基本框架，不能想写什么就写什么。教师在备课时就要认真安排课堂教学板书的内容，即板书要安排在黑板上的哪个位置，先板书什么，后板书什么，大标题写在什么地方，小标题写在什么地方，哪些内容应该保留到课末，哪些内容可以随写随擦……

如果教师不精心设计而随意书写板书，必然导致板书内容混乱、分量增加，从而影响课堂教学效果。繁杂的板书容易引起学生反感，因为抄写大量的板书笔记占去了积极思考相关问题的时间，从而挫伤学生学习的积极性和主动性。另外，书写大量的板书也会影响到教师在固定的时间内对特定内容的分析讲解，因为书写板书占用了过多宝贵的课堂时间。所以，板书内容要少而精，恰到好处。

2. 内容精炼、重点突出

板书语言要精练，要提纲挈领，要服从教学需要，要用最凝练的文字或简洁明了的图形、符号反映教学的主要内容。内容精练并不是越简单越好，"简"的程度要依据教学需要和教学内容而定。一般要求板书要化繁为简、以简驭繁、以少胜多、俭处求丰，让学生从最精简的板书中学到该学的知识。板书是教学内容的高度概括和总结，要反映出教学内容的重点、难点和关键点，使学生看过后一目了然，很容易纳入到自己的认知结构中。

一般情况下，一节课使用一个板面。一节课板书的安排应突出其独立性，应是一个整体，能对教材的主要内容起到概括、提示、总结的作用。

3.形象直观,富于启发

板书应以生动、直观的形象诉诸学生的视觉,使学生很快地领悟、理解和掌握所学内容。教师设计板书要做到语精字妙,富于启迪,让学生能够从板书的内容及形式中引起深思,品出其中的"味儿"来。这种启发性含蓄蕴藉,富有弹性和张力,往往能给学生留下思考和想象的余地。

另外,教师在教学中要以充满情趣化的板书设计引起学生浓烈的学习兴趣,板书力求新颖别致、巧妙生趣,吸引学生的注意力,调动其思维的积极性。例如,有位教师把氧化还原反应与初中所学的四大反应类型的关系设计成一个脸谱,形象、直观又新颖有趣地促进了学生对该知识的理解和掌握。

4.审美感人

板书设计要美观大方,具有艺术性,能使学生受到美的熏陶。板书的艺术性一般表现为内容的完善美、语言的精练美、构图的造型美和字体的俊秀美。内容的完善美和语言的精练美如前所述,即用最精练的语言科学准确地表达教学重点和难点;构图的造型美是指板书的布局要合理,要能体现教学的过程和方法;字体的俊秀美不仅要求书写规范,还要把字写得工整、大方、清晰,字的大小要适中,应使前后左右的学生都能看清楚,行与行之间要保持一定的距离,不能一会儿近一会儿远,更不能一行写着写着就斜到下边或上边去了。

审美感人的板书，能吸引学生的注意力，激发学生的学习动机和兴趣，充分发挥板书的示范作用，从而对学生起到潜移默化的影响。这也要求教师必须具有扎实的基本功，既要有一手过硬的好字，又要掌握最基本的简笔画技巧，需要什么图形、图案能迅速画好，直观形象地说明问题。当然，写、画的技能不是一朝一夕就能练成的，需要教师长期不懈地坚持练习。

四、板书的布局

板书应该布局合理，空间分布均匀，有美感。这里的布局，是指板书书写的位置，包括正板书和副板书位置的搭配。常见的板书布局有以下四种形式。

1. 中心板

以黑板中心为正板书，两侧留有少许板面作为副板书。例如：

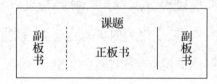

2. 两分板

将板面一分为二，左侧为正板书，右侧为副板书。例如：

3. 三分板

以黑板左侧为正板书,中间部分为副板书,右侧作为机动,供绘图或补充说明之用。例如:

4. 四分或五分板

将大标题横向排列,以一、二、三、四和五为标号,依大标题纵向向下排列小标题,内容力求简练,一堂一板,基本不擦。此布局有利于总结、记忆,整体感强,一般适用于对比式板书。例如:

课题				
一、	二、	三、	四、	五、
1.	1.	1.	1.	1.
2.	2.	2.	2.	2.

在实际教学中,采用哪种布局方式,要根据教学内容的特点和板书形式的不同,灵活运用。

五、板书的形式

设计板书的形式要根据教学目的、教学内容和学生特点,因课而异,不要千篇一律,要有特色,使形式为内容服务。板书形式大致有以下几种。

1. 纲要式

以简明扼要的文字,概括出教学内容的要点,按教学顺序依次书写。如图3-1所示。

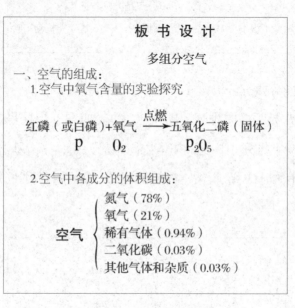

图 3-1　纲要式板书

2. 关键词式

通过几个能准确反映教学内容、含有内在联系的关键词,按一定的形式和顺序组合在一起,表现事物的结构、顺序、过程等的板书形式。如图3-2所示。

板 书 设 计

	烷烃	烯烃
组成通式	C_nH_{2n+2} n≥1	C_nH_{2n} n≥2
分子结构	只含碳碳单键 饱和链烃	含碳碳双键 不饱和链烃
化学性质	取代反应 氧化反应（O_2）	加成、加聚 氧化反应［O_2、$KMnO_4(H^+)$］
物理性质	随碳原子数的增加，物理性质呈现规律性的变化	

图 3-2　关键词式板书

3. 表格式

根据教学内容可明显分项、比较等特点，进行表格化的板书形式。如图3-3所示。

定量表示溶液的组成			
表示方法	溶质$\left\{\begin{array}{l}元素\\离子\end{array}\right.$	溶剂	溶液
$m_质 / m_液$	$m(g)$	$m(g)$	$m(g)$
$V_质 / V_液$	$V(mL)$		$V(mL)$
$m_质 / V_液$	$m(mg)$		$V(100mL)$
$N_{质、粒} / V_液$	N		$V(L)$

图 3-3　表格式板书

4. 线索式

根据教材提供的线索，按照一定的顺序将教材内容排列起来，直观形象表达内容的板书形式。如图3-4、图3-5所示。

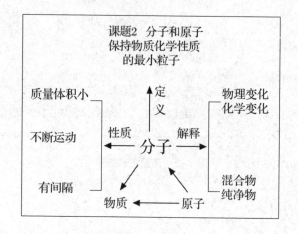

图 3-4

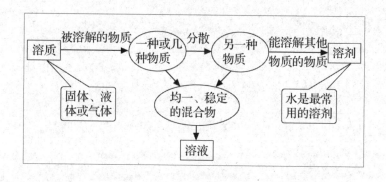

图 3-5 线索式板书

5. 图示式

在文字之间辅之一定意义的线条、箭头、符号，组成某种文字图形的板书形式。图示式板书多以思维导图或概念图等的形式设计,不仅图文并茂,而且使各内容之间的联系也一目了然,如图3-6、图3-7所示。

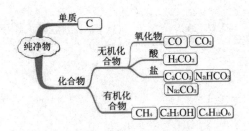

图 3-6 思维导图式板书

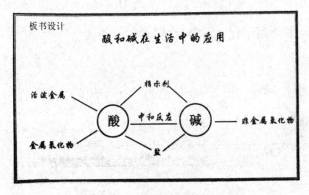

图 3-7 图示式板书

6. 简笔画、示意图

随着讲解,教师把教学内容所涉及的事物形态、结构等简单扼要地在黑板上绘画出来,形象直观地展示教学内容的板书形式。如图3-8、图3-9所示。

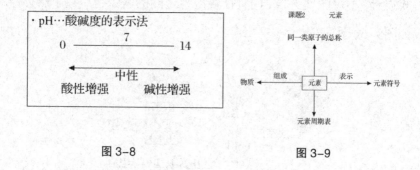

图 3-8   图 3-9

7.计算式

是以化学用语和数学运算来表达的板书形式, 文字少, 逻辑性强, 主要用于化学计算示范课和习题课。

8.综合式

是指几种板书形式有机配合使用形成的综合性板书, 如图 3-10和图3-11所示。

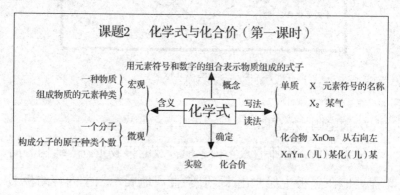

图 3-10

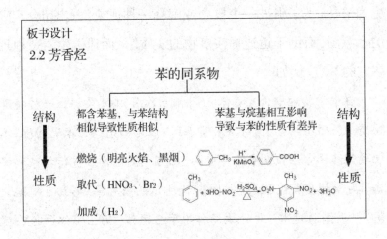

图 3-11 综合式板书

第二节 教学板画

一、何为教学板画

教学板画是教师在课堂教学时用粉笔迅速地在黑板上勾勒出来的简笔画。它直观而形象,比实物、模型、幻灯等直观手段更简便灵活,并且能停留下来由视觉感知。如果在教学中运用得当,板画更能集中学生的注意力,激发学习兴趣,增强记忆效果。

板画不仅可以形象直观地帮助学生理解教学内容,理顺学习思路,还可以直观地揭示知识之间的联系,培养学生的形象思维能力。在自然科学学科的教学中,要特别注重学科思维的形成,借助于板画表达某些现象和规律,比用语言或文字表达更为清楚。为了引进一个概念或解释一种现象，画出切合实际的示意图，有助于迅速抓住事物的实质，从而让学生清楚地理解它的本质。例如：

在中学物理中讲《磁体之间相互作用》时，要引出一种特殊物质——磁场。这种看不见、摸不到，但可感觉到的客观物质，不但要用演示方法证明它的存在，还必须用图示方法进行抽象和概括。某教师在黑板上画了如图3-12所示的简笔画，形象直观地说明，甲磁体通过甲产生的磁场作用于乙磁体，而乙磁体通过乙磁场作用于甲磁体，它们就是依靠磁场来相互作用，表现出吸引或排斥。这幅图生动形象地把磁体作用的内在联系表现了出来。

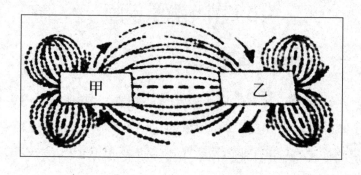

图 3-12

另外，教学中有些难以用语言解释清楚的事物，适时运用板画，可使学生茅塞顿开，进而达到了解事物的教学目的。运用板画，能促使具体感知与抽象思维的结合，帮助学生认识客观事物，铺架起从形象思维到理性思维的桥梁。由此，激发学生

的学习兴趣, 提高课堂教学效率。例如:

　　某中学化学教师在讲氧化还原反应时, 为了让学生形象地记住氧化还原反应与四大反应类型(化合反应、分解反应、置换反应、复分解反应)的关系, 画了如图3-13所示的脸谱简笔画, 使容易混淆的知识内容一目了然, 让学生不仅看得清, 而且记得牢。

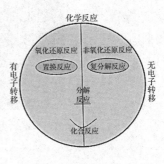

图 3-13

　　而且, 在中学化学教学中, 当不具备实验条件时, 还可以用板画展示化学实验的装置和操作, 培养学生的形象思维能力。例如:

　　在初中化学中, 讲氧气的制取时, 采用固、液不加热的方法, 简单、环保、易操作, 但是反应速度太快, 不容易控制, 会导致学生在收集氧气时手忙脚乱。为了控制反应速度, 把反应发生装置改为分液漏斗和锥形瓶。因为学生要动手操作, 所以教师将演示示范改为板画, 如图3-14所示, 始终停留在黑板上, 让学生在操作过程中随时可以参考。

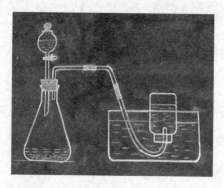

图 3-14

比起语言，图画往往能快速清楚地传授技术细节、学习任务、指令和其他内容。想当教师的人千万别说"我不会画画"。

七、教学板画的设计要求

1. 简笔画要简洁明快，新颖有趣

教学板画的设计，要力求简明。越是简洁明了，学生用于掌握知识的时间就会越少，教学效果就会越好。板画设计要做到精练，主要有以下几种方法：一是牵牛鼻子，抓关键；二是借助形象比喻，化繁为简；三是留空布白，删繁就简。沙塔洛夫说："多种多样的形式能激发学生的兴趣，使其注意力集中。若千篇一律，则势必令人厌倦，使人的思想分散，甚至催人入睡。"可见，简洁明快的板画，还要体现新颖有趣的特点，才能调动学生学习的积极性。例如：

某化学教师在讲物质的分类时，板画了如图3-15所示的"树状分类法"，相比较传统的板书（图3-16所示），设计形象，比喻直观，更有利于学生理解树状分类法，帮助学生突破教材中的难点。

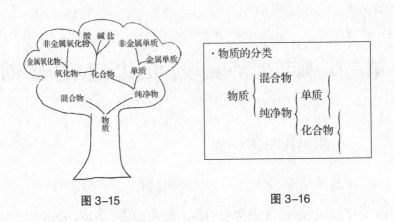

图 3-15　　　　　　　　　　　图 3-16

2. 实验制图要仪器规范，装置正确

如果板画的是实验仪器或实验装置图，那就要求在画图时显示出各仪器的特征，同时，仪器的放置、各件仪器的连接和布局、单件仪器间的距离等都应确切无误。具体来说，绘制仪器装置图的基本要求有以下几个方面。

（1）示意合理，线条清晰。即反应器皿中各种物质的量多少等要合乎情理、恰当，而且线条要平直、清晰、粗细均匀，实线和虚线的使用要恰当。

（2）布局合理，图形完整。即一幅实验装置图应表明化学原理、反应条件，同时整个画面要显得端正、平稳，不能歪斜。

（3）比例适当，画法统一。这是要求单件仪器各部分和整套装置中各单件仪器大小要协调适当、符合比例，而且同一个装置图的画面里不能出现两种或两种以上的投影画法。

（4）画面整洁，没有污痕。即整套装置图要整齐、清洁、美观清爽。

第三节　师范生常见的教学板书板画问题及诊断

一、板书设计不合理

师范生在板书设计时，常见的问题有：①正副板书不分；②随便擦掉正板书；③副板书内容多而乱，用完不擦，并占用正板书的位置；④板书不整洁，习惯于在写好的板书下面画来画去，导致板书乱七八糟；⑤老擦黑板，有时甚至是直接用手擦；⑥板书内容不是课堂教学的重点和难点……图3-17即为一个比较典型的设计不合理的板书。

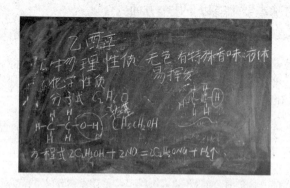

图 3-17

合理的板书设计,一般将黑板从左到右分成两个部分,左边部分相对大些,主要用于书写正板书,右边部分相对小些,主要用于书写副板书。通常情况下,正板书在一节课上不擦,以留作课末总结来用,而副板书则随写随擦,以保持整个黑板的整洁。

除此之外,板书设计还要美观,美观的板书设计,通常是指用俊美的粉笔字将教学的重点内容按知识的逻辑发展顺序书写在黑板上,形成脉络清晰、重点突出的知识结构,让课堂教学要掌握的知识点和学习的科学方法、过程展现在同一个板面上,使人一目了然。设计板书时,切忌该板书的不板书,没必要板书的却写了很多。这样往往会导致学生把握不住教学重点,以致于做课堂练习时学生不知道该用哪些知识来解决问题,从而做不对。

二、板书内容多,书写速度慢

板书的书写速度太慢,不仅浪费时间,而且学生等得也厌烦。教师在板书时,通常要伴随讲解,那么,板书的书写速度就要与讲解速度差不多。有的师范生在写板书时,不伴随讲解,只是"背对学生,面对黑板"慢条斯理地写,这样极易给学生留出制造突发事件的时间和空间,非常不利于课堂教学的顺利进行。所以,教师在板书时,要以侧面或半侧面的站姿,边写边讲解,同时要用眼睛时不时地与学生进行交流。

另外,在设计板书时就要注意,一次板书内容不要太多,以免书写时占用太多的时间，从而出现"大多数课堂时间都在背对着学生写板书"的现象。板书内容的多少，要根据教学内容和所选板书的类型进行精心地合理设计，需要将教学内容的精华巧妙地提升在黑板上，是以教师的精心设计和对教学内容的熟练程度为基础的。板书的书写速度，不是一朝一夕就能改变的，需要强加训练。

三、粉笔字难看

粉笔字难看，主要表现为以下几个方面：①粉笔字大而乱；②粉笔字多而小；③粉笔字越写越小；④同一行的粉笔字不在同一条水平线上，要么越写越向上歪，要么越写越向下歪。如图3-18所示，多数师范生的粉笔字字体本身就很丑。

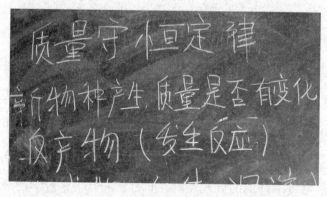

图 3-18

板书是否清楚易懂，取决于教师的粉笔字迹。字迹工整的板书，美观大方，不仅能使学生受到美的熏陶，而且能美化教师的形象，使学生钦佩教师、喜欢教师，从而喜欢上该教师的课。但是，板书的书法美，也需要强加训练。以合适的速度写出字迹工整的板书，是每个师范生必须追求的一门教学艺术，而掌握这门艺术的方法就是反复练习。

四、书写错误

板书书写错误，多数情况下表现为漏字和写错别字。有的时候，板书的书写错误还表现为，板书中出现科学性错误。例如，某师范生在板书磷在氧气中点燃的文字表达式时，是这样写的（图3-19）：

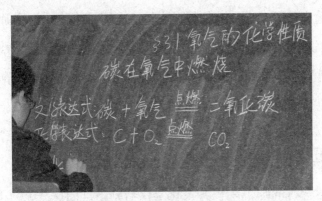

图3-19

$$磷+氧气 \xrightarrow{点燃} 五氧化二磷$$

显然在这个文字表达式中不应该用等号，而应该用箭头（→）。这类科学性错误源于师范生对一些化学规范细节的忽视，或许他们在中学的时候，化学教师就不太强调这样的细节，所以他们就习惯性的不注意这些细小的问题。但是，与其他化学术语的使用规范一样，这个细节也是同样不容忽视的。

另外，有的师范生在书写板书时不注意化学语言的写作规范。如在写化学方程式时，先写等号，然后再配平。严格来讲，书写化学方程式时，应该先用一条横线来链接反应物和生成物，然后配平，再然后画上另一条横线，使其成为等号。科学规范的书写习惯，有利于培养学生严谨的学习态度和良好的学习习惯，尤其在书写化学方程式时，科学规范的书写习惯，还能避免书写错误的发生。所以，为了培养学生科学规范的书写习惯，教师首先要有科学规范的书写习惯。

值得注意的是，板书要简洁明了，但不能简写。许多师范生在板书时习惯于简写，如化学性质就要写成化学性质，不能写成"化性"。简写同样不利于培养学生严谨的学习态度，而且，简写容易引出语言歧义，影响学生对教学内容的正确理解。

五、板画能力差

尽管有的师范院校开设化学仪器制图这门课程，专门培养化学教育专业师范生在黑板上画图的能力，但大多数师范生的板画能力仍然很差，尤其在板画仪器或装置图时，画得很不像，如图3-20所示。让人吃惊的是，中学化学教师在板画实验装置图时，同样画得一塌糊涂，如图3-21所示。

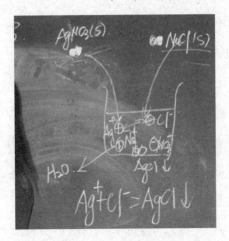

图 3-20 某师范生画的烧杯

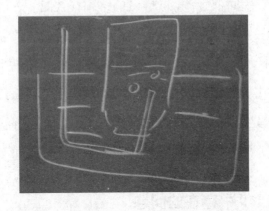

图 3-21 某中学化学教师画的排水集气装置

如果我们不向你说明图3-20中的容器是烧杯的话,或许你很难看出那是个烧杯;如果我们不告诉你图3-21中的仪器是水槽和集气瓶的话,或许你也看不出那是在排水集气。其实,板画的仪器装置图如果不像,往往会误导学生,影响教学效果。所以，与其画得不好，还不如不画。但是，如果不画，就体现不出图画在教学中的魅力。

另外，存在于许多师范生中的另一个现象是，在黑板上画实验仪器或装置图时，往往画得不规范，却很坦然地边画边说："画的有点不好看。"或许，坦然自己的不足是勇气，但在课堂上与学生交往时，尽量不要坦然自己的不足，而是要学会用自己的闪光点来掩饰自己的不足。因为，我们毕竟是在"教书育人"，我们要培养学生严谨求实，那我们自己本身就要严谨求实。板画能力是教师必备的基本能力之一，"画不好"本身就不应该，却还要在学生面前强调，这样做的结果往往是：一方面提醒学生开始关注"画不好的实验图"，使其将注意力从教学内容上转移到"画不好的图"上；另一方面，潜移默化地使学生认为，既然掌握不扎实的知识同样可以在实际中应用，那么，对知识的"一知半解"也不会造成太大的影响。事实上，"画不好的图"在一定程度上也会影响到教师的形象。

六、PPT 中存在的问题

师范生在制作课堂教学的PPT时，往往存在如下问题：①PPT的背景和字体颜色不搭配，如墨绿色背景和浅黑色字体。②板书和PPT的内容相同。③PPT的整个页面都是密密麻麻的文字，而且内容与教案中的一模一样。太多的文字只会增加学生的视觉疲劳，对课堂教学没有任何益处。④PPT上的字太小，而且多，教师在讲课时就照着PPT念。

在课堂教学中，PPT以其图文并茂、动静结合、声色灵活等特点，能将静的内容动起来，将呆板的文字活跃起来，将过去的事实再现出来，将遥远的东西拉近过来……如若使用恰当，它可以无限地增强教学效果。但是，如果只是将它作为常规媒体的代用品，那它还不如常规媒体的方便快捷；如果只是将它作为教师教学设计的呈现品，那它还不如教师声情并茂的语言描述……

PPT课件在教学中主要起辅助作用，配合板书和教师讲解，突显教学材料，以利于学生感知和理解教学内容。所以，PPT的制作，既要有画面感，又要有寓意。所谓画面感，是指PPT上呈现的内容要有立体效应，有利于增强学生的想象力。所谓寓意，是指PPT上的内容要体现一定的思想，让学生能自觉地感觉到教学要求的变化，例如，用"上台阶"来表示教学目标的"步步提高"，用"下台阶"来表示教学内容的"层层深入"等。

第四章 课堂提问艺术

研究表明,大多数课堂上总是有人在不停地说话。通常情况下,都是教师说,学生听。将以教师为中心的教学转变为以学生为中心的教学,有效的方法之一就是提问。于是,提问技术成为有效教学的关键因素。

第一节 提问对于课堂教学的重要性

一、课堂提问的重要性

课堂教学中的提问,是指在课堂教学中,教师根据一定的教学目的要求,针对有关教学内容,设置一系列问题情境,要求学生思考回答,以促进学生积极思维,提高教学质量。也就是说,在课堂教学过程中,提问是为了最大限度地激发起学生的积极思维,使学习处于积极的状态。可见,提问对于课堂教学的重要性。

提问对于课堂教学的重要性具体可以归结为以下几个方面。

(1)检查学生对已学知识和技能的掌握情况,帮助学生巩固、深化已经学过的知识和技能。

（2）开阔学生思路，启发学生思维，培养学生的独立思维能力和语言表达能力。

（3）活跃课堂气氛，吸引学生关注教学内容，从而增进师生情感，促进课堂教学和谐发展。

（4）控制课堂纪律，集中学生的注意力。

（5）设悬激疑，调动学生的求知欲望和学习积极性，充分发挥教师的主导作用和学生的主体作用。

（6）获得反馈信息，及时改进教学，调整教学进程，提高教学质量。

二、课堂提问的问题

在课堂教学中，提问是良好交流的基础。但是，正确的提问是一种精致的艺术。问题是好的互动式教学的关键。但是，问题的等级、类型必须适合，而且最重要的是，问题的措辞一定要正确。那么，提问是否等于问题呢？

1. 什么是问题

问题是给定的信息和目标之间有某些障碍需要加以克服的情境。一个问题应包括三个基本成分：给定、目标和障碍。给定是指一组已经明确知道的，关于问题的条件的描述，即问题的起始状态；目标是指构成问题结论的明确描述，即问题要求的答案或目标状态；障碍是指问题的正确解决方法不是直接显而易见的，必须间接地通过一定的思维活动，才能找到答案而达到目标状态。

问题解决就是从问题的给定状态转换到目标状态，在转换过程中存在着一定的障碍，需要进行相应的思维活动来消除障碍。如果没有障碍，问题解决实质上就成了回忆，而不是真正的思维过程。因此，任何一个问题，都应该是由"给定"、"目标"和"障碍"有机地结合在一起。例如，"婴幼儿每天为什么要喝一定量的奶"就是一个问题，其"给定"是婴幼儿每天要喝一定量的奶，"目标"是婴幼儿每天要喝一定量奶的原因，"障碍"是这个原因不是一下子能说出来的，必须通过一定的思维活动，才能说出"奶中富含蛋白质，蛋白质是构成细胞的基本物质"等原因。总之，问题在得到解决之前，可能会有一些错误和曲折，要经过许多步骤，要进行一定的思维活动。

2."问题"与"提问"的区别

问题与提问不同，提问中可能包含问题，但并不是任何提问都是问题。提问是不是问题，关键是看提问中是否存在"障碍"。如果学生不假思索或稍做回忆就能做出回答，则这种提问不是问题；如果学生无论怎样回答都必须经过一定的思维活动，克服一定的困难，则这种提问属于问题。显然，靠回忆就能回答的提问不是问题。有时，教师一堂课都在提问，却没有几个属于问题。

明确"提问"与"问题"的区别，有利于设计出高质量的问题。问题的质量是由问题的难度决定的。有些教师之所以不能设计出良好的问题，一个重要的原因就是问题的难度不适当。

3. 问题的难度

问题的难度包含两个方面的内容：一是问题要有一定的难度，高于学生现有水平，能激发学生的探究欲望，形成探究心理；二是难度要适当，能被学生理解和接受，经过努力可以解决。换句话说，教师向学生提出的问题既要有一定的难度，又不能超出学生现有的知识基础和学习能力；既不能让学生毫不费力地回答，也不能使他们想了很长时间而无结果。

著名心理学家皮亚杰说，只有当感性输入和学生现有认知结构之间具有中等程度的不符合时，兴趣最大。也就是说，只有面对难度适中的问题，学生的思维才最活跃，主动参与教学的积极性才最高。"难度适中"的标准是学生要经过认真思考才能正确地加以回答。所以，能够引起学生积极思维的提问才是好的提问。高质量的问题在提出时，还要注意哪些要求呢？

第二节　课堂提问的基本要求及类型

一、课堂提问的基本要求

艺术性的提问，在提问态度、提问目的、提问设计和提问效果等方面均有一定的要求。课堂提问要取得预期的良好教学效果，教师必须遵循如下几点基本要求。

1. 提问的态度要端正

提问既可以是一种惩罚手段,也可以是一种奖励手段。教师对提问的态度,决定了教师的行为,而教师的行为必然影响到教学的效果。

教师提出问题后,对学生的态度,不仅直接影响着学生回答问题的质量,而且也影响着学生良好学习习惯的形成。如果教师总是以真诚期待的态度,好象说,你一定能回答得很好,学生就可能镇定自若,发挥良好。如果教师表示不耐烦,甚至予以指责,学生不仅可能心慌意乱、答非所问,而且还会产生焦虑心理。有的教师在个别时候,借提问来刁难、惩罚、讽刺、挖苦和伤害学生,把自己推向了学生的对立面,这显然是错误且必须避免的。教师应在尊重学生的前提之下提出问题,并与学生一起在和谐、融洽的氛围中共同思考问题,以保护学生回答问题的积极性。

2. 提问的目的要明确

课堂提问的根本目的是实现教学目标。因此,课堂提问要完成三个方面的任务:一是通过提问查明学生对已学习的知识的掌握情况,以便做出补救;二是通过提问提示学生注意掌握新知识的要点和学习方法,引起新旧知识联系,激起学生的学习愿望;三是通过提问完成课堂任务,使学生掌握了知识、技能,形成了能力,发展了智力,养成良好的学习习惯,得到发展。因此,教师在提问之前,应当明确提问的具体目的,并使问题具有一定的指向性。例如，在"溶解度"一节中，要绘制溶解度曲线，首先要理解曲线的意义，所以，教师可以提出以下问题帮助学生理解：坐标系中的横坐标和纵坐标分别指什么量？曲线上的每一点代表什么含义？能否找出某温度下的溶解度？

提问的目的很多，比如，了解学生对某一学习任务的准备情况，激励学生参与教学，调动学生的已有知识来解决新问题，引导学生进行创造性思维，检查学生的学习效果，诊断学生的学习能力等等。目的不明的盲目提问缺乏应有的教学意义，只能是徒劳的。

3. 提问的设计要精心

根据提问的目的，教师在备课时，就要设计提问方案，对于提问的目的，提问哪些问题，提问哪些学生，希望得到什么结果，学生回答可能出现的问题，对这些问题的解决还要问些什么样的问题等，都必须仔细考虑。还要运用一定的方法、技术和策略对提问进行精心设计，对一系列事项做到心中有数。比如，什么时候提问，是对个别学生还是对全体学生提问，问题怎样表述才能引发学生的注意和思考，一节课大致提问多少次，怎样处理学生各种各样的回答等等。

教师不应随随便便地想什么时候提问就什么时候提问，想问什么问题就问什么问题。无准备的提问，一方面问题有没有启发性很难说，另一方面学生能否答得上来也很难说。因此，这样的提问往往达不到提问的目的。

4. 提问的效果要有启发性

提问的效果要有启发性，是指所提问题能激发学生思考与求知欲望，促进学生的思维发展，引起学生的探索活动，体现提问的启发价值。如果提问不能达到启发学生思维的效果，即使提问的方法、技术和策略再高明，也只能是形式上的热热闹闹。因此，需要牢记的是，能够引起学生积极思维的提问才是好的提问。

5. 提问的方式要灵活多样

提问的艺术是由多种灵活而又巧妙的方式构成的。但究竟用哪些方法，则要根据教学的实际需要加以选择。教师如果能根据不同的教学内容和教学要求，有意识地变换问题的提法，就能引起学生对问题的注意和兴趣，从而使课堂提问收到良好的效果。如果教师不注意经常变换方式，总是提一些固定格式的问题，时间长了，就会使学生失去对问题的兴趣，也就很难收到好的提问效果。

二、课堂提问的类型

课堂提问的形式与类型多种多样，每一种形式的提问都有自己特定的作用和功能。好的教师必须根据教学目标选取不同类型的问题进行提问。例如，你需要通过提问来考查学生已有的知识水平，或者鼓励学生参加到学习活动中，或者搞清楚他们是否已经理解所学的内容。这些都需要教师提出不同类型的问题。

布鲁纳根据自己的教学目标分类说,将提问分为两个层面六个层次。根据布鲁纳的划分标准,提问可以分为以下六个水平。

1. 知识(回忆)水平的提问

知识(回忆)水平的提问是一种检查学生已学知识,着重培养学生记忆能力的提问。其目的是确定学生是否记住先前所学的内容,检查学生能否再认和再现所学内容;其主要形式是"什么是"、"有哪些"、"有什么联系"等。回答这类问题时,学生不需要进行深层次的思考,只需要机械地回忆和背诵。例如,在学习"元素"时,教师提问:"地壳中含量最多的元素是什么?人体中含量最多的元素是什么?"

2. 理解水平的提问

理解即能用自己的话对事实、事件进行描述。理解水平的提问是指为帮助学生深入理解基本概念、原理、原则等,而提出问题,用来帮助学生组织所学的内容,弄清它们的含义,要求学生能用自己的话来叙述所学内容,能比较知识或事件的异同。回答这类问题,学生行为是描述性的归纳。这就要求学生对教科书中的某些重点内容作深入透彻的理解,不仅要"知其然",而且要"知其所以然",如"为什么你会想到用这样的方法来鉴别蒸馏水和硝酸银溶液","实验室制取气体的发生装置,选取的依据是什么",这种提问类型大多用来检查学生对本堂课所学知识掌握的程度,多用于讲授之后。

3.应用水平的提问

应用水平的提问是指为使学生应用所学知识,培养学生解决实际问题的能力而提出问题。主要目的是用来鼓励和帮助学生应用已学知识去解决问题,要求学生能把所学的某些规则或理论应用于某些问题。例如,家里油锅着火了,该怎么办?

4.分析水平的提问

分析水平的提问是要求学生把事物的整体分解成各个方面,并找出他们之间的内在联系。主要目的是用来分析知识的结构,弄清事物间的关系或事项的前后因果,要求学生进行批判性思维,能分析资料,以确定原因和进行推论。回答此类问题时,学生的行为是介入和比较。例如,溶解度和溶液质量百分比浓度有何区别和联系?

5.综合水平的提问

综合水平的提问是要求学生把分散的知识综合到一起来整体考虑并回答问题。主要目的是用来帮助学生将所学知识以新的或创造性的方式组合起来,形成一种新的关系,要求学生对某一课题内容的整体有所理解,能进行预见并创造性地解决问题。回答这类问题时,学生的行为是创造和预见。例如,请组织材料向你的同学介绍关于共价键和离子键的知识。

6.评价水平的提问

评价水平的提问是一种让学生运用所学知识、概念、原理、法则,对所学知识的重点、难点、关键点部分,经过分析、比较、推理、论证,说明原因,指出关系,判断是非,加以评析,发表评论,以培养学生评价能力的提问。主要目的是用来帮助学生根据一定的标准来判断材料的价值,要求学生对一些观念、价值观、问题的解决办法或伦理行为进行判断和选择,能提出自己的见解。回答此类问题时,学生根据预先设定的标准对问题进行评价判断,学生行为是判断和选择。例如,你认为哪些元素之间可以形成共价键,哪些元素之间可以形成离子键?说明你的理由。

明确了课堂提问的类型以后,我们可以根据不同的提问目的设计出高质量的问题。但是,如何让学生积极参与到问题中来,就成为我们所面临的另一个重要问题。解决这个问题,就需要我们使用一定的提问技巧。

第三节 课堂提问的技能技巧

一、课堂提问技巧

成功的提问是提问目的和提问技巧的结合,提问技巧有助于提高问题的质量以及学生回答的质量。课堂提问技巧主要包含以下四个方面。

1.再查问

再查问技术是指教师根据对问题先前回答的情况,向多个学生寻求不同答案。它是促使更多学生参与到学习过程的一种有效手段。由于可能存在多种正确答案，因此这个问题应该是创造性的或评价性的问题。

使用再查问技巧时要注意，不要对学生的回答马上给予回应。教师的作用仅仅是将问题从一个学生转移到另一个学生。这样越来越多的学生参与讨论，从而其兴趣也就越来越浓。

在使用再查问技巧时，不愿回答问题的人并没有被强迫回答问题，而是给他们提供机会使其参与到讨论中来。因此再查问技巧也有助于鼓励不愿意回答问题的学生参与到讨论中。

此外，也需要给学生时间去思考问题。这就涉及我们接下来要学习的"等待时间"。

2. 等待时间

学生需要时间去思考教师提出的问题，这个时间称为等待时间。一般情况下，等待时间分为等待时间1和等待时间2两种。等待时间1是指提供给第一个回答问题的学生思考的时间；等待时间2是指教师等待所有学生回答同一个问题的时间，或者等待学生对每个同学各自的回答做出反应的时间。

但是，研究显示，一般情况下教师在提出问题后仅仅等待1秒钟就让学生去回答问题。

研究还显示，当教师学会将等待时间延长到3~5秒钟的时候，就可能出现以下情况：①学生回答的内容增加；②错误回答减少；③学生提问增多；④主动回答的人增多；⑤学生的自信增强;⑥深入的思考增加。这些情况恰恰是我们课堂教学所希望出现的,所以,如果教师希望学生更多地参与学习过程,那么就应该学会给学生提供更多的时间,给他们更多机会思考答案。

许多教师的课堂提问模式为简单的问答模式,如图4-1所示,这样的模式就是教师提问,一个学生回答,然后向另一个学生提问,得到回答,再向第三个学生提问,收到答案。在这样的情况下,学生没有时间思考,也没有时间评论别人的回答。实际上,大多数这样的提问都处于事实性提问的水平上。适当采用高水平的问题和等待时间,就可以形成如图4-2所示的问答模式。通过这样的方式,教师可以引导学生进行真正的讨论。学生回答的内容可更充实,也能对其他学生的回答作出评论并提出问题,这就真正激发了学生的兴趣和参与热情。

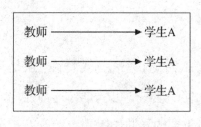

图 4-1　简单的问答模式

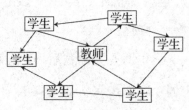

图 4-2　多向问答模式

所以说,把提问后的等待时间延长到3~5秒,是非常值得的。

3. 倾听

学会倾听你的学生。要听学生说些什么,只有在他们说完时才继续提出问题或评论他们的回答。

很多情况下，教师在听学生说话的时候，都在思考自己所要提出的下一个问题或者要讲述的下一个内容，而没有关心学生的回答。甚至有的时候，教师急于继续自己的讲课，以至于常常干扰或打断学生的回答。为了避免这些现象的出现，教师需要学会使用沉默时间。

沉默时间是学生回答完问题之后与教师做出反应或继续讲课之前的时间。研究表明，教师在学生回答完问题之后平均只等待1秒钟时间。而如果将沉默时间延长到3~5秒钟，就能避免教师打断学生的讲话，也可以让其他学生有时间插入自己的评论。

一旦你提出问题并且得到了学生的回答，就要考虑怎么回应，也就是下面要学习的"强化"。

4. 强化

学生回答完问题后，应该怎么回应？是表扬或赞许？还是不加评论地接受并继续上课？如何回应——也就是你选择强化的方式——对课堂中的互动起着重要的导向作用。

学生回答完毕之后给予奖励和表扬是鼓励学生参与的有效方法。但是，过多使用强化则会破会等待时间带来的益处。等待时间是用来为学生提供思考时间和提出自己意见的机会。如果教师过早对某个学生的回答给予"非常好"这样的强化，那么其他学生就可能不会再去思考其他的答案了，因为他们害怕自己想出的答案不如先前这个同学给出的答案那么好。

所以,教师不应在学生刚回答问题后就立即予以强化。教师应该让尽可能多的学生参与讨论,然后再对其中好的回答给予强化。

二、课堂提问指南——提高你的提问技巧

1. 提的问题要清晰

教师提出的问题要简单明了,使学生清楚、确切地理解和掌握教师的要求,以利于他们迅速地按照教学意图思考问题和寻找答案。表达不清晰、模棱两可的问题,会直接影响学生的答题质量和学生的积极思考。

2. 在指定学生回答之前完成提问

如果教师不把问题向全班学生提出,而是先将某个学生叫起来,然后才提出问题,显然这样的提问仅仅只有那个被叫起来的学生注意听,其他的学生因为与己无关而不注意听、不进行思考。因此,提问要面向全体,即先提出问题让全体学生思考,然后再点名叫学生回答。这样,才能起到集中全班学生注意力和启发全体学生思考的目的。当然也有例外,如果你想要引起某个不专心的学生的注意,最好先叫他的名字好让他听到你的问题。

3. 提出的问题必须密切联系课堂教学内容

通过紧扣课堂教学内容的提问,启发学生的思维,使难以

理解的教学内容逐渐变得比较容易理解,从而提高学生的学习能力。如果脱离教学内容随意向学生发问,就会分散学生对教学内容的注意,不利于学生理解和掌握教学内容。

4. 公平分配回答问题的机会

提问要避免只叫少数成绩较好的学生,而置多数学生于不顾;避免只叫坐在教室前面几排的学生,而置坐在教室后面的大多数学生于不顾。提问要面向全体学生,公平分配回答问题的机会,但也要避免按姓名字母顺序或座位号来提问。因为,此类提问,其结果会使大多数学生对所提问题漠不关心,从而使提问达不到提高全班学生学习质量的目的。

5. 提出的问题要适合全班学生的能力水平

提出的问题应该难度适中,学生一听就明白问题的实质,经过思考基本能正确回答。如果问题过于复杂,一个问题中又包含着若干个问题,使学生一时无从入手,久之,就会使学生丧失答问的信心。

6. 一个时间只提出一个问题,并且避免提问太快

同时提出多个问题会让学生搞不清应该先回答哪个问题而造成思维混乱,从而浪费了思考时间。另外,提问的次数要适当,避免提问太快。一堂课问题提得过多,问题就不精、不集中,重点就不突出;过多,还会使学生产生厌烦情绪,甚至在"多"的下面"开小差"。一堂课,应抓住教学内容的几个关键性问题进行提问,这样,学生也就比较容易掌握关键,抓住重

点,突破难点。

7. 每个问题之后停顿至少3秒钟

在提出问题后,不立即指名回答,而是稍作停顿,以延长学生思维的最佳状态,激发学生的最佳智力。当学生回答问题之后,也不忙作评价,使其他学生对答案做一潜意识交流。这样,不仅有利于学生思考和形成自己的答案,还有利于对自己的答案进行语言组织,使其更完整、更有条理,从而有效地提高学生的表达能力。

8. 利用提问帮助学生修正自己的答案

利用提示性和探查性问题去帮助学生更周密地思考自己的答案。这使得学生能够保持处于学习状态,提高他们的思维能力,增强他们的自信心。

9. 避免多次使用本身已经包含答案的提问,避免一句话就可以回答的问题

避免带有"对不对"、"是不是"、"要不要"等暗示性的是非式提问。这类提问并不能激发学生的思维活动,也不利于培养学生的语言表达能力。因为学生回答这类问题,无需积极开动脑筋,甚至可以不看课文、不看板书、不注意听讲,也往往能答出"是"或者"不是"、"对"或者"不对"来。这样的提问既失去了提问的作用,也常常让学生觉得无聊。

10. 仔细倾听学生的回答,并有节制地给予强化

在学生回答完之后等待至少3秒钟,给学生时间进一步思考自己的答案, 并让其他学生也思考该学生的回答。避免给每个回答问题的学生进行强化, 这样可能会打断学生的思考, 不利于提高问题的回答质量。

第四节　师范生常见的课堂提问问题及诊断

一、学生回答完问题后不强化

有的师范生在提问学生回答问题后, 只有"回答正确, 请坐"这一句反馈; 还有的师范生在请学生在黑板上写完离子方程式后, 不作任何评价就擦了; 而有的师范生是在提问学生回答后, 对学生不理不睬, 也不请学生坐, 致使学生处于"坐还是不坐"的两难境地……或许这些回答问题的学生确实回答得很正确, 但是这并不代表其他学生也都同样掌握了那个内容, 所以, 教师对问题答案的强化和评价是非常必要的, 否则, 就失去了学生课堂参与的意义。另外, 通过教师不同的强化反馈, 不同的学生能得到不同的感受, 如有的学生感受到的是鼓励, 而有的学生感受到的是关爱, 还有的学生感受到的是批评等等。所以, 在课堂教学中, 对不同学生的课堂参与要有不同的强化反馈, 不要在整堂课中只用一种强化语, 更不要不使用任何强化反馈。

二、提问的问题太难

例如, 某师范生在讲氯气的性质时, 用第一次世界大战中

使用氯气的故事引入新课后, 提出如下问题:

氯气是有毒的, 那么氯气有什么性质? 毒性机理是什么呢?

显然, 关于氯气的毒性机理问题, 通过这节课是解决不了的, 甚至在整个高中阶段都不需要解决如此难题。所以, 在设计问题时, 要把握问题的难度, 尤其不要超出教学内容的范围, 让学生感觉所学知识解决不了教师提出的问题, 就会慢慢消磨学生的学习积极性, 或者会使学生对教师产生某些消极看法。如果教师在讲完氯气的物理性质之后, 提出问题:

如果我们身边有氯气泄漏, 如何自救?

这样的问题, 难度适中, 能让学生利用刚学的知识来解答, 不仅培养了学生学以致用的意识, 而且有利于调动学生利用所学知识解决实际问题的学习积极性。

另外, 有些课堂提问的问题偏离了教学主题。比如, 某师范生在讲物质的量时说, 物质的量是国际计量委员会规定的七个基本物理量之一, 那么, 请同学们说出其他六个基本物理量是什么。

学生可能在思考和讨论以后也不能马上说出正确答案, 需要教师作相关的介绍, 这样就会占用一定的课堂教学时间。所以, 教师在设计课堂提问时, 要密切联系教学主题, 缜密地设计问题, 否则就会让无关要紧的问题占用宝贵的课堂时间, 而且极易分散学生对教学重点的关注。尤其对于那些靠学生的思考根本无法回答的问题, 教师直接给予介绍即可, 没必要设计成问题来提问。

三、课堂提问太多

课堂"提问"太多,但多数"提问的问题"并不是能激发学生思维的真正问题。如,某师范生在讲"酸和碱之间会发生什么反应"时,在10分钟的教学过程中,设计了20个"问题",属于"真正问题"的问题却几乎没有,基本都是对要讲解内容的一个先提问。下面是该师范生教学开始时提出系列问题的教学实录:

【引入新课】酸和碱之间是否会发生化学反应?我们通过实验来探究。

【实验探究】氢氧化钠溶液和盐酸会发生化学反应吗?

再比如,某师范生在讲"常见的酸和碱"时,介绍了浓硫酸的性质以后说:

浓硫酸的危害这么大,我们是不是要稀释一下呢?

这叫什么问题?浓硫酸的稀释并不是因为它的危害,而是为了某种用途。所以,这样的提问不仅不属于"问题",而且是个有错误的"问题"。

四、忽视等待时间

问题提出后马上让学生回答,不给学生留出思考问题的时间。这或许是新手教师的通病,原因主要在于,师范生在进行课堂教学训练时，面对的"学生"不是真正的中学生。由大学生"伪装"的中学生，在课堂中必然会出现"快速而准确地回答所有问题"的现象，这种现象很容易让课堂教学按教师预期快速地进行。习惯于这种课堂教学的师范生，在面对中学生时，如果不刻意注意的话，就会出现"问题提出后马上让学生回答，不给学生留时间思考问题"的现象。

但一定要注意，课堂提出问题后要给学生留一定的时间思考问题，哪怕只留3秒钟，也会有不一样的回答结果。尤其是新手教师，一定要认识到课堂等待时间和沉默时间的重要性，并学会在课堂教学过程中恰当地运用。另外，课堂提问还要避免启而不发，自问自答。

五、课堂问题预设不考虑学生实际

例如，某师范生在讲催化剂时，提出如下问题：

在试管中加入过氧化氢溶液，将带火星的木条伸入试管，观察木条不复燃。向上述试管中加入少量二氧化锰，把带火星的木条伸入试管，木条复燃。那么，谁能告诉我为什么？（紧接着就讲解原因：常温下过氧化氢虽然能分解但反应非常慢，放出的氧气较少，不能使带火星的木条复燃。但过氧化氢遇到二氧化锰时能较快分解出氧气，使带火星的木条复燃。）大家觉得现在向用过的二氧化锰中再加入过氧化氢溶液，带火星的木条会有什么变化？

事实上，对于上述的第一个问题，多数学生会认为是因为二氧化锰和过氧化氢发生了化学反应，生成氧气。第二个问题，学生也可能会认为二氧化锰量多，没反应完。所以，在提出第一个问题后，教师一定要根据学生的反馈先消除学生的疑虑，然后再引导学生思考下一个问题。

另外，有的师范生在黑板上画个演示实验装置图，就问学生"会有什么现象"？黑板上的装置图又不是演示实验，学生怎么会看到实验现象？所以，如果实验是靠"听教师讲"来学，则教师在画好实验装置图后，应先描述实验过程，再引导学生在已有知识的基础上推测实验现象和结果，而不是直接追问实验现象和结果。

因为课堂教学的对象是对课堂教学内容"一知半解"的学生，不是教师，所以，课堂问题预设一定要考虑学生的实际水平，让学生能"跳一跳，摘到桃子"，既要避免学生"伸手就可摘到桃子"简单问题，又要避免学生"怎么跳也摘不到桃子"的复杂问题。

第五章　导课艺术

导课,是指教师在开始上课时,为引起学生的注意,激发他们的兴趣并为接下来的教学内容建立一个概念框架而做的事。高超的导课艺术,可以产生先声夺人的效果,使教学对学生充满强烈的吸引力

第一节　导课的作用及要求

一、导课的功能和作用

课堂教学中,一个好的导入会激发学生的学习兴趣和求知欲望,有助于启发学生进入新主题或新的学习任务。好的导课有如下功能和作用。

1.激发学生对即将学习的内容的兴趣和参与热情

在课堂教学中,一个好的导入,能使学生看到、听到、触摸到他们不懂的东西,从而出现疑问,迅速吸引其注意力,并激发出积极探索的主动性,使学生在一上课就在有趣、有疑、有乐、有情和有劲的状态下学习。

2. 活跃课堂气氛

好的导入，能在课的一开始就活跃课堂气氛，使学生处于动手、动口又动脑的状态。学生的大脑处于兴奋状态时，思维的敏捷度提高了，有利于提高学生接受新知识的速度，从而增强对新知识的记忆。再配合精心设计的教学过程，有利于课堂教学目标的达成。

二、导课的基本要求

1. 目的明确，针对性强

虽然从根本上说，导课的目的是吸引学生的注意力，但是落实到每堂课的导入，又有着更为具体的目标。比如，有时是为了让新旧知识联系起来，有时是为了设置悬念引发学生对新内容的思考，有时是为了创设一种适合学生学习的情境，有时是为了解决学生对新课题的疑问等等。因此，艺术性的教学，必须首先明确导课的具体目的，导入语的设计以及各种手段的使用都应该定向于具体目的的实现。

2. 简洁明了，恰到好处

一堂课的时间有限，不宜在导课环节花太多的时间。冗长、啰唆与不得要领的导课，既没有美感，也不能取得良好的教学效果。所以，艺术性的导课，必须争取在较短时间内，用精练的语言，达到预期的目标。

3. 新颖有趣, 引人注目

心理学的研究表明, 新异刺激可以有效地吸引学生的注意。因此, 教师应当注意通过新颖有趣的导课来吸引学生, 从而提高学生的学习积极性。

三、导课的注意事项

1. 必须与新课内容密切相关

课堂导入应紧扣教学目标, 密切联系新课内容, 为达到预定的课堂教学目标提供条件。也就是说, 课堂导入时所用的材料, 如复习的旧知识、提出的问题、设置的悬念、演示的实验、引用的化学资料、讲述的生活事例等, 必须能合理地过渡到教学内容上来。

2. 符合学生的认知结构

课堂导入是为接下来的教学活动服务的, 所以, 导入的设计, 必须围绕课堂教学内容, 从学生现有的知识水平出发。不管采用哪种导入方法, 导入的内容都应符合学生的心理特征和现有知识水平, 不能太"玄", 也不需要太多的形式, 应立足于课堂教学内容。

3. 时间不宜过长

课堂导入虽然是教学过程的一个重要环节, 但不是中心环节, 它只为中心环节做铺垫。所以, 教师引入新课时应言简意赅, 要在尽量短的时间内完成向新课的过渡。课堂导入的时间不宜过长, 要控制在5分钟之内。如果导入的时间太长, 不仅会影响到本节课的教学进程, 而且冗长的导语也会消磨学生的学习积极性。

4.不要小题大做

一堂好课, 需要在某些环节上做一些技术处理, 但过于复杂的技术处理或形式反而会淡化课程内容本身, 使学生眼花缭乱, 不知学习目标是什么, 对新知识的接受未必有益。所以, 在设计导入的时候, 切忌为了花哨而小题大做, 要始终本着为教学服务的态度, 恰到好处地设计简洁而有效的课堂导入。

第二节　导课的艺术方式

不管使用什么教学策略, 激发学生兴趣都是比较困难的, 而且有些教学内容对学生而言的确是枯燥无趣的。但不管是什么内容主题, 教师都要努力创造情境, 激发学生的学习兴趣。有利于激发学生兴趣和参与热情的课堂导入, 常见的艺术方式有以下几种。

一、温故导课

温故导课是指通过温习以前学过的知识引出新的学习内容。巴甫洛夫指出, 任何一个新的问题的解决都是利用主体经验中已有的旧工具实现的。也就是说, 各种新知识都是从旧知识中发展而来的,温故的作用在于扫清求新过程中的知识障碍,或者是将已有知识的学习过程或方法迁移到新知识的学习过程中,使新知识的学习顺理成章,有利于学生理解和接受新知识。所以,"温故知新"的过渡式导课,用旧知识衔接新知识,引导学生去发现问题、分析问题和解决问题,就成为教师在课堂教学中常用的导课方式。例如,某化学教师在讲制取氧气时的导入:

【复习提问】

(1)比较全面地描述一下氧气的物理性质。

(2)氧气有哪些化学性质,写出五个反应的文字表达式。

(3)如何检验一瓶无色气体是氧气(空气、氮气、二氧化碳)?

【讨论】如何鉴别四瓶无色气体?

【教师讲评】讲评学生的叙述,得出氧气的检验方法。

【提问】根据氧气的性质说明氧气有什么用途?

【学生回答】

【导入】氧气有那么多重要的用途,那么,你一定很想知道氧气是怎么制得的?

在使用温故导课时,需要注意的是,"温故"只是手段,导入新课才是真正的目的。尤其对于新手教师而言,在设计"温故"的旧知识时,一定要注意与新知识的衔接性。

二、设疑导课

设疑导课是指在导课时精心设计悬念,诱发学生的探究心理。教育心理学的研究表明,设疑能激发学生的学习兴趣,点燃学生的思想火花,进而开发智力。所以,教师常常在课的开始就要从发展学生的智力出发,设置疑问,在学生心理上引起悬念,使学生处于暂时的困惑状态,进而激发解疑的欲望。例如,某化学教师在讲物质的量时,采用了设疑导入的方法。

【教师】将一杯事先准备好的水放在讲桌上,问:谁能数清楚这杯水中有多少个水分子。

【学生】既惊讶又好奇,同时产生许多疑问:一个水分子既无法分离,又看不见摸不着,怎么数呢? 难道有什么技巧或方法可以数清楚?

【教师】在学生满腹疑团时提出:通过今天这节课的学习,你们就可以做到这一点。

【学生】带着这样的悬念听课:到底如何数清楚水分子的数目呢?

再比如,某物理教师在讲串联和并联时,采用如下的导入来设疑启思:

【教师】100W的灯泡亮还是40W的灯泡亮?

【学生】当然是100W的灯泡亮。

【教师】这个答案不错,但只适用于通常情况。请看下面的实验。

【教师演示1】将"220V, 100W"和"220V, 40W"的两只灯泡, 并联接入220V的电源中。(这个实验的结果与学生的答案一致, 这时学生很高兴地认为自己的答案是正确的。)

【教师演示2】将"220V, 100W"和"220V, 40W"的两只灯泡, 串联接入220V的电源中。(这个实验的结果却使学生大感意外: 100W的灯泡反而比40W的灯泡暗得多。)

出乎意料的事实, 使学生们为之一怔, 由此激发了学生强烈的好奇心, 进而督促学生拓展思维, 进入新问题的解决过程中……

提问和假设也可以有效地创设导入情境, 但是, 要取得效果则必须让提问和假设刺激起学生的好奇和兴趣。"如果……那么会发生什么呢? "这样的提问就是能够激发兴趣的提问。当附加合适的条件时, 涉及未知的或两难情境的假设常常是非常有效的。例如, 问学生什么样的情况在他们的生活中会出现, 而在课堂中却不会出现, 演示一块冰正在沉入像水那样的液体中, 或者演示一块不会燃烧的木头。但如果你决定通过质疑或假设来创设一系列情境时, 你假设的情境必须是非常可靠的。否则, 就会削弱你以后再次使用这个技巧的效果。

三、故事导课

故事导课是指教师采用寓意深刻又轻松幽默的故事, 导入对新知识、新课题的讲解。这是最受学生欢迎的导课形式之一，但在使用时，要注意故事与教学内容的相关性，故事中的悬念要有利于激发学生对新知识的兴趣，并促使他们参与教学活动。例如，在讲《元素周期律》时，某化学教师采用的故事导入如下：

1875年，法国化学家德布瓦绍德朗发现了一种新元素——镓，并公布了他所测得的镓的主要性质。不久，他收到俄国化学家门捷列夫的信，信中祝贺了他的发现，同时又指出，镓的密度的数值4.7是错误的，镓的密度应该为5.9~6.0，建议重新测定。"不可能呀，要知道当时世界上只有我手里有一小块金属镓。"德布瓦绍德朗不相信会有这样的事，回信说不会错。但门捷列夫再次去信，坚持自己的观点。本着科学严谨的态度，德布瓦绍德朗重新提纯了镓，测得密度为5.94，与门捷列夫的预测惊人相似！门捷列夫预言的依据是什么呢？因为他发现了元素间的内在联系。那元素间到底存在什么样的内在联系呢？今天，就让我们沿着前人的足迹去探索元素间的规律。

这个故事很巧妙地证实，通过周期律能准确地推断出某元素的性质，从而让学生在课的开始就认识到了元素周期律的作用，激发了学习元素周期律的积极性，课堂教学效果肯定不错。而且，通过这个故事，也能让学生领会到科学家严谨求实的科学态度，对于培养学生的情感、态度与价值观具有很大作用。

四、生活情境导课

生活情境导课，是指选择学生日常生活中熟悉的事物或现象导入新课的方法。需要注意的是，所选的事物或现象与将要学习的新知识有直接联系，并能用新知识对这些事物或现象作出科学的解释。例如，某化学教师在讲碳酸钠的性质及其应用的导入：

【教师】在日常生活中，如果剖鱼时不小心弄破了苦胆，有什么补救的办法没有？

【多媒体投影】破了苦胆，别忘用碱。具体方法：先凉水冲洗，把胆黄处用水洗白。再撒点儿纯碱，片刻后用水冲洗净。若胆汁污染面大，可把鱼放到稀纯碱溶液中浸泡片刻后再洗净，苦味可消。

【教师】"破了苦胆，别忘用碱"的"碱"是纯碱。纯碱是碳酸钠的俗名，我们为什么会用它来去掉苦味？它又有哪些性质？今天就让我们一起来走进碳酸钠，理解碳酸钠，从而利用碳酸钠。

这是用生活情境导入新课的一个很好的案例。因为学生通过对碳酸钠性质的学习，就能很好地解释教师在课初提出的生活问题，即鱼胆汁中的苦味来自胆汁酸，用碳酸钠溶液即可中和掉其中的酸，从而达到学以致用的目的。但有的时候，教师为了联系生活实际，将课堂导入设计成长篇大论的生活事例介

绍,不重视所选生活事例与教学内容的相关程度,只是为了联系实际而联系实际。请看下面某教师在讲氯气的性质时的课堂导入案例:

【教师】同学们都知道SARS病毒、禽流感病毒和甲型H1N1流感病毒,其中禽流感病毒和甲型H1N1流感病毒是一种没有超强抵抗力的病毒,有一类含氯消毒剂就可以将病毒杀灭。

【投影图片】这是几种市场上销售的含氯消毒剂,大家最熟悉的莫过于84消毒液。请同学们大胆说出关于84消毒液的相关知识,你们想了解或知道些什么?

【学生】讨论、交流、回答。

【教师】下面我们一起进入今天主题的讨论。

在这个案例中,教师引入新课时,尽管采用了人们非常关心的社会热点问题,但是,这些社会热点问题并没有直接和教学主题"氯气的性质"联系起来,只是由它们引出了84消毒液。而84消毒液也并不是因为能解决这些社会热点问题才为人们所熟悉,学生知道它在很大程度上是因为在日常生活中经常使用它。这样绕了一圈才导入新课,不如直接用"84消毒液为什么能杀灭细菌"这个问题来激发学生的学习兴趣,毕竟课堂时间有限,学生的精力也有限。

五、直接导课

直接导课是指不用借助其他材料,教师只需要概述新课的主要内容及教学程序，明确学习目标和要求，引起学生思想上的重视并准备参与教学活动，做到"课伊始，意亦明"的一种导入方式。这种开门见山直奔主题的导课方法，在平时的课堂教学中最常用。例如，在讲金属的化学性质时，某化学教师采用了如下的直接导入方法：

【教师】同学们，说到金属，你们熟悉吗？

【学生】熟悉，我们生活中每天都可以接触到。

【教师】生活中随处可见金属及其制品，说明我们的生活离不开它们。现在，我们一起从化学的角度整理一下在学习生活中已经了解和掌握的金属相关知识。

这种导入方法占用的课堂时间最短，因此，使用时要求导语精练、简洁，能在最短的时间内将学生的注意力集中到听课上来，迅速而巧妙地缩短学生与教学内容的距离。另外，如果学生知道一节课的内容，他们就会期望学到更多。因此，要使学生的学习取得最好效果，教师的课堂导入就要具有奥苏贝尔所说的那种"高级组织者"的作用。也就是说，直接导入应该给学生一个"寻找什么"的框架或索引。下面简单地介绍一下"高级组织者"。

高级组织者可以是一般性的介绍、定义或类比。不管选择什么样的形式，建立框架的作用不是为学生提供理解所要教的内容所需的背景性的信息，也不是帮助他们记住旧的信息并应用到这堂课上，而是在新旧知识之间搭建概念桥梁。有的教师把对教学目标的说明作为建立框架的方式。但是, 用这种方式就需要教师将书面的教学目标转换成学生能够听懂而且又能引起他们兴趣的语言。例如, 将教学目标"学生能够正确计算出坠落物体的冲撞速度"转换成:

【教师将一个物体举过头】当我让这个东西掉下去的时候, 请仔细观察。

【教师将物体坠落】在它落下的时候, 它的下落速度有一个连续的增加。但是它落得太快了, 以至于我们不能辨别它到底增加了多少。它的冲撞速度有多大呢?

【学生沉默】

【教师启发】这就是我们今天要解决的问题。

六、演练导课

演练导课是指教师通过展示挂图、实物、标本和模型或让学生做一些启发性强的实验和练习来导入新课。例如, 在化学中讲碘的化学性质时, 可用"神水显字"来导入。

课前准备一张硬白纸, 用竹签蘸淀粉溶液在白纸上写"碘和淀粉作用显蓝色"几个大字, 并晒干压平。课堂上, 教师请一位学生用喷雾器向白纸上喷一些碘水, 写在上面的几个字就赫然显现出来了, 学生的积极性立即就被调动起来了。

再比如, 某物理教师在讲摩擦力时, 采用了如下的一个小实验来导入:

由全班同学推选力气大的和力气小的同学各一名进行夺瓶比赛,比赛中力气大的学生抓住瓶子涂有油脂的一端,力气小的学生抓住没有油脂的另一端,结果力气大的学生反而没有把瓶拉过来。这一生动的现象引发了学生探究的热情,这时教师再引导学生分析产生这始料不及的结果的原因,课堂教学便顺其自然地开始了。

可见,充满趣味性的课堂导入,会促使学生自觉地投入到学习中,非常有利于课堂教学的展开。当然,使用演练导课时,不管采用哪种方式,直观演练与语言讲授相结合,教师与学生共同参与,效果才会比较理想。

七、布障导课

布障导课是指教师在导入新课时可以针对学生学习过程中容易发生的错误,适时巧妙地设置一些"陷进",布下一个障碍,诱发学生产生错误,然后通过谈论、分析或自我"反省",找出错误产生的原因,纠正错误。例如,某物理教师在教授电流的磁场这节课时的导入:

【教师】我这里有一个空牙膏盒,里面放着一个物体,请同学们根据实验现象猜猜"盒"里面放的物体是什么?

【学生】观察实验现象。

【教师演示实验】将"盒"靠近牙签,提醒学生观察实验现象;再将"盒"靠近大头针,再提醒学生观察实验现象。

【学生通过观察得出结论】"盒"靠近牙签，没现象；靠近大头针，能将大头针吸起来。所以，"盒"里面放的物体是磁铁。

【教师继续演示】悄悄地断开开关，请同学们接着观察。

【学生观察】被物体吸引的大头针又纷纷落在桌面上。

【学生产生疑惑】如果是磁铁，怎么会有这种现象？

【教师】说说你此时的看法。

【学生1】"盒"里面放的物体不是磁铁。如果它是磁铁，被吸引的大头针不会掉下来。

【学生2】如果"盒"中的物体不是磁铁，为什么它只吸引大头针而不吸引牙签呢？

【教师】"盒"中究竟是什么？同学们亲自做一个实验，来揭开它的谜底。

接下来学生做"奥斯特实验"。

在这个案例中，通过一个"黑盒子"的实验现象，让学生产生了思维障碍，从而使得课堂"活动"了起来，尤其让学生的思维"动"了起来，不仅能使学生较容易地接受新知识，而且能使学生分清知识并牢固掌握知识，其课堂教学效果肯定不错。当然，在使用布障导课时，同样需要教师精心选题，巧妙设计，才能取得不错的效果。

八、释题导课

释题导课是指教师通过具体分析和解释课题中的词语，调动学生学习的注意力和积极性，为进入新课做好铺垫。课题是讲授内容的窗户，是教学内容的高度概括。对某些课题而言，如果从解释课题词语、引发题意入手，不仅有助于学生审题破意，了解所学内容的大致概况，而且能为学生进入新课学习铺垫心理基础。例如，某化学教师在讲工业的血液——石油是动力资源时的导入：

飞机、火车、轮船、拖拉机等的开动都是以石油的产品为动力燃料，所以人们称石油为"工业的血液"。

在祖国辽阔的土地上，可以看到来往如梭的汽车在公路上行驶，火车在铁路上奔驰；在蔚蓝的天空，飞机在翱翔；在江河湖海里，轮船在航行；在广阔的田野里，拖拉机在耕作……所有这些，同学们是否想过，它们都是以什么作为动力燃料呢（石油产品）？如果没有它，交通就瘫痪，工厂就停产。所以，人们称赞石油是"工业的血液"，真是当之无愧呀！

但要注意，使用释题导课时，要求教师对课题细心斟酌，只有那些能通过释题来引起学生注意和深思的课题，才能用释题的方法导课。有些浅易明白的课题，学生不释自懂，就没有必要画蛇添足。

九、启情导课

启情导课是指教师精心营造一种情绪氛围，从感情上叩击学生的心弦，使学生自觉地进入学习的轨道。例如，初三化学

"绪言"的导入：

你或许常常在思索：怎样才能使天空变得更蓝？河水变得更清澈？物质变得更丰富？生活变得更美好？

你或许想了解人体的奥秘，发明新的药物，来解除病人的痛苦，使人类生活得更健康；

你或许想变废为宝，让那些废旧塑料变成染料，使汽车奔驰，飞机翱翔；

你或许想要一件用特殊材质制成的衣服，可以调节温度，穿上它，冬暖夏凉，甚至还可以随光的强度改变颜色……

你的这些美好的愿望正在通过化学家的智慧和辛勤劳动逐渐实现。那么你一定会问：什么是化学？

教师用充满激情的语言去拨动学生的心弦，激起学生的热情，使学生在学到知识的同时，受到思想上的感染和熏陶。

十、机变导课

机变导课是指有时在课堂教学之前，突然出现有利于导课的情景，教师即兴应变，因势利导，加以充分利用，以此调动学生学习新课的主动性和积极性。例如：

某物理教师正要去讲"曲线运动"，走到教室门口却发现，班内为了某个选举乱作一团。本着"曲线运动"这节课的核心思想是复杂问题简单化的原则，该教师大声地说："我可以为大家的选举提一个很好的建议。"这时，学生便安静了下来，聚精会神地想知道老师的建议是什么。教师不慌不忙地在黑板上写上:"复杂问题简单化。"学生用疑惑的眼光看着教师。教师又说:"复杂问题简单化,是一个解决问题的良好方法。但是,如何使用这个方法呢?我们举一个例子,如直线运动,相比曲线运动更简单,所以研究曲线运动,就本着把曲线运动变成直线运动的原则。"学生开始纳闷了,"明明是曲线运动,怎么能变成直线运动?"看到学生的思维已跟着教师而来,教师接着画龙点睛:"曲线运动虽不能变成直线运动,但是我们可以将一个曲线运动分解成两个直线运动。"学生又问:"怎么分解呢?"教师接着讲……

就这样,学生被教师一步一步地带入了这节课要研究的内容中。该教师在混乱的课堂中,没有大声训斥,也没有严厉批评,而是抓住学生关心的问题,因势利导,变课堂中的事件为教学资源,引导学生的思维顺着教师的思路走,从而成功地进入新课教学,这就是机变导课。当然,教师只有具备机智灵活和沉着应变的能力,才能把握时机、因势利导,成功地进行机变导课。

十一、谜语导课

谜语导课是指教师利用学生易懂、熟识或自己编写的谜语来导入新课。实践证明,通过引入形象、逼真、富有趣味的谜语来导入新课,对于活跃课堂气氛和促进学生进入学习情境是大有裨益的。例如,在讲氧气时,化学教师可以采用如下的谜语来激发学生的学习兴趣,从而导入新课。

一物到处有，用棒赶不走，眼睛看不见，手摸也没有，咀嚼无滋味，无它活不久。

这种导入方法具有浪漫的艺术气息，但需要教师精心选择或编制符合教学内容和学生知识水平的谜语。如果谜语太简单，学生不需要思考就能猜出答案，就不能激发起学生的学习欲望；反之，如果谜语太难或太离谱，学生怎么也猜不出答案，同样也会打消学生的学习积极性。所以，在使用谜语导课时，不要在课的开始就给学生制造一个困扰其一节课也琢磨不透的难题，而要恰到好处地既不为难学生，又能激发学生的学习热情。

常见的几种化学谜语：

全身洁白又硬强，洗起澡来吵嚷嚷，热气腾腾液乳白，粉身碎骨才安详。

——生石灰

加上一点点，作用大无边，功成不自居，量质没有变。

——催化剂

通电洗澡，穿上外套，金光闪烁，合身牢靠。　　——电镀

十二、音乐导课

音乐导课是指在课的开始，先播放或演唱一段与教学内容相关的音乐作为开场白，来集中学生的注意力，激发学生的学习激情，从而引入新课。通过音乐的引入，不仅能在听觉上刺

激学生的感官,激发他们的发散性思维,给学生一个想象的空间,而且能拉近师生之间的距离,调节学生的情绪,为整堂课打下一个良好的情感基础。例如:

某化学教师在讲化学与环境的专题研究时,先和学生齐唱歌曲《美丽的草原我的家》,把学生的情绪带入一种"愉快的歌声满天涯"的美丽情境中。然后说:"草原风光美不美?"学生异口同声地说美。"但是,我们今天不得不面对人类面临的环境问题。"教师话锋一转,又将学生从美丽的草原风光中带到"人类面临的环境问题"中,同时播放有关环境问题的视频。当"美丽的草原"和"污染的环境"在学生的情感中发生冲突时,教师用充满激情的语言说:"通过刚才的短片不难发现,随着科学技术的迅猛发展,人类创造了空前丰富的物质财富,与此同时,随着生产的发展,自然资源的过度开发和消耗、污染物的大量排放,又导致了全球性的资源短缺、环境污染和生态破坏。人类如何发展,地球向何处去?保护环境,保护地球,已经成为我们共同的呼声。这节课就让我们一起透过化学来认识常见的环境污染及其危害,并共同探究解决方案。……"

采用音乐导课时,所选择的音乐一定要与教学内容有密切联系,否则,播放音乐不仅不能起到很好的导课效果,还容易分散学生的注意力。

十三、诗词谚语导课

诗词谚语导课是指教师利用学生易懂、熟识的诗词谚语，引导学生感悟教学知识的一种导课方式。在教学中，有时巧借一句俗语，就会增加几分诙谐，学生倍感轻松；妙用一句诗词，课堂会变得更加形象生动、趣味无穷。所以，教师如果能尝试把一些蕴含着学科常识的诗词谚语融入课堂教学，不仅可以激发学生的学习兴趣，活跃课堂气氛，而且能拓宽学生的学习范围，培养学生的综合能力。例如，某化学教师在讲石灰石的利用时，采用了如下的诗词导入法：

先引导学生背诵明代著名爱国将领于谦的《石灰吟》："千锤万凿出深山，烈火焚烧若等闲。粉身碎骨浑不怕，要留清白在人间。"学生感到新奇："上化学课怎么讲起古诗来了，老师葫芦里卖的什么药？"学生的好奇心一下子就被激发起来了，注意力也很快集中到了课堂中来。教师继续引导："这首诗不但表达了作者高尚的情操和坚强不屈的意志，而且精辟地阐述了烧制石灰的过程。""古诗怎么会和烧制石灰的过程有关？"学生的思维在好奇心的驱动下开始兴奋。此时，教师抓住学生的思维兴奋点，引导学生一起去探究烧石灰的原理和怎样用化学方程式表示出石灰的性质，使整个课堂进入巅峰时刻……

这个案例说明，在教学中，巧妙地利用诗词进行引入，能有效地激发学生的学习积极性，对课堂教学效果起到事半功倍的效果。当然，在使用该导入法时，同样要注意所选诗词与教学内容的相关程度，其中蕴含的科学道理能被学生深刻理解，在提高学生文学修养的同时，促使其知识迁移。

十四、引导材料导课

引导材料导课是指在课的开始，先呈现给学生一些可以将新信息和先前知识链接起来的学习材料，让学生发现所学知识的意义，从而激发学生的求知欲望，促使有意义学习的产生。使用引导材料是奥苏贝尔最主要的教学策略，所以，奥苏贝尔认为，引导材料是由教师正式讲授学习内容之前的陈述构成的，与教学情境一样，能帮助学生利用先前知识。但是，引导材料与教学情境也有不同之处：引导材料与随后的知识联系更为紧密，是后面学习内容的 "智力脚手架"，决定着随后的学习。

好的引导材料必须要有学生所熟悉的内容，并且是根据学生的知识基础设计的。但是，引导材料与其他的引入技巧，如复习学过的知识、创设情境等，有所不同。例如：

一位科学老师要上一堂有关人体所需食物的课。在强调了课程目标后，教师让学生列出他们昨天所吃的各种食物（创设情境），然后呈现如下引导材料。

一会儿我会给大家介绍一下，人体要正常运行，需要摄入哪些食物。在此之前，为了帮助你们了解不同种类的食品，我会向你们介绍一个观点，你们每天所吃的食物大体上可以分为五类：脂肪、维生素、矿物质、蛋白质、碳水化合物。每种食物都含有特定的元素,例如碳、氮等。我们所知的食品(肉、土豆)为我们提供了这些元素。现在我讲人体需要的均衡饮食时,希望你们能够注意,我们每天所吃的食物属于哪一类。

引导材料对于后面的学习内容而言是诱饵,是锚。有时,它们不仅仅是教师导入新课的手段,更是学生学习新知识的"脚手架",所以,教师必须选择合适的引导材料,才会使课堂教学更有效。

总之,任何有效的教学都要求教师在开始的时候采取一些措施,来激发学生参与课堂活动的热情。但不管采用哪种方式进行导课,教师都要精心营造一种情绪氛围,从感情上叩击学生的心弦,使学生自觉地进入学习的轨道。

第三节　师范生常见的导课问题及诊断

一、导入情景与教学主题联系不紧密

导入的情景要密切联系教学主题,否则,有趣的导入容易分散学生的注意力。例如,某师范生在讲乙醇时设计了如下的情景导入:

同学们都看了2012春晚小品《爱的代驾》吧!是不是很搞笑呀?那么到底是什么让牛莉认错老公呢?(是酒)大家都知道酒的主要成分有哪些吗?(营养物质、乙醇)营养物质多了会让牛莉笑态百出吗？（显然不会，那一切归功于乙醇喽）乙醇究竟是怎么样的一种物质呢？这就是我们今天所要探索的知识。

其中，括号中的语言基本上不是学生的回答，而是教师的自答。事实上，酒在人们的日常生活中非常普通，因此，乙醇的导入设计素材有很多。但是，并不是任何与酒有关的故事或事件就是一个好的导入情境素材，导入素材的选择要密切联系教学主题，既要激发学生的学习兴趣，又不能分散学生的学习注意力。在上述案例中，学生要回忆2012年的春晚，要想起牛莉，就会同时想起其他搞笑节目，也就会把本身还比较集中的注意力分散了，甚至有的学生可能在听讲的过程中脑海里仍然在浮现搞笑片段。所以，这个导入的情景设计，相比较激发学生学习兴趣而言，在分散学生的注意力方面效果要更好些。

二、导入语和新课教学之间的衔接性不好

许多师范生都喜欢用视频导课，但在设计视频与教学内容之间过渡的导入语时，往往缺乏有效的衔接。例如，某师范生在讲氯气的性质时，设计了如下的导入方式：

先播放视频"广西×××氯气泄漏"，播放完视频后直接问学生："通过这个视频，大家能否猜一下我今天要讲的内容呢？"

在这个案例中，就算学生猜对了，会怎么样？和没有播放视

频不是一样的开始讲氯气吗？所以，选择好了情境素材后，导入语的设计也很关键。导入语是链接情境素材和教学内容的纽带，好的导入语能有效利用情境素材激发学生的学习欲望，而设计不好的导入语却发挥不出情境素材的功能。

第六章 组织教学艺术

为了始终保持一堂课的良好教学气氛,顺利实现教学目标,教师应该巧妙地运用组织艺术,使教学内容详略得当,教学进程环环相扣和教学节奏张弛有度,并恰当处理偶发事件。

第一节 教学内容详略得当

教学内容是课程的主体,是教学的对象,教师准确而深刻地理解和掌握教学内容是有效教学的前提。课堂教学中的教学内容集中体现在教材中,教师只有对教材内容进行合理而巧妙的选择,才有可能保证课堂教学呈现出节奏美。

当教学内容的知识结构与学生的认知结构相符合时,提高学习的有效性才有了可能。所以,教师要学会根据学生的认知水平重新组织教学内容,使其详略得当。这就要求教师具有组织教材的能力。所谓组织教材的能力,是指那些区分出教材中本质的和最主要的内容,并根据学生的理解水平对教材进行分析和综合、加工改组,将教材恰当地概括化、系统化的能力。通过下面的案例,可以感悟到重组教学内容的必要性。

有人曾经请教马克·吐温："演说词是长篇大论好，还是短小精悍好？"马克·吐温没有正面回答，只讲了一件亲身感受的事："有个礼拜天，我到教堂去，适逢一位传教士在那里用令人动容的语言讲述非洲传教士的困难生活。当他讲了5分钟后，我马上决定为这件有意义的事捐助50元；他接着讲了10分钟，此时我决定将捐款减到25元；最后，当他讲了一个小时，向听众请求捐款时，我已经厌烦之极，一分钱也没有捐。"

这个故事告诉我们，短小精悍的语言，其效果事半功倍，而冗长空乏的语言，不仅于事无益，反而有碍。事实上，不仅语言如此，课堂教学更是如此，因为需要学的内容很多，而课堂时间很少。布鲁纳认为，课堂教学应该帮助学生深入探讨一些重要的思想，而不是向他们灌输对学习没有任何影响的、杂乱无章的内容。所以，教师要学会简化，剔除不必要的教学内容。这种简化的过程，要求教师在选择教学内容时必须基于特定领域的基本思想和知识结构，必须以学生原有的知识和能力为基础。也就是说，在一堂课中要教授多少信息，呈现多少概念，教师要精心设计，要在研究课程标准、教学目的、教材内容和学生实际情况的基础上，明确教学目的要求和重点、难点，从而决定讲解的详略和教学内容的增减。

如果教师紧紧围绕教学内容的重点、难点和疑点来进行教学，就能够有效地集中学生的注意力，活跃学生的思维，从而保持井然有序的课堂教学气氛。如果把学生能自学的知识和已知的知识等, 拿到课堂上详细讲述, 势必引起学生的倦怠心理和厌烦情绪, 以至出现学生注意力分散和课堂秩序涣散的状况。为此, 教师一定要遵循"有所讲有所不讲"的原则, 精心安排每节课的教学内容, 对教学内容进行合理取舍, 力求做到有繁有简和详略得当。

第二节　教学进程环环相扣

课堂教学能否达到教学目标, 在很大程度上取决于教学进程是否环环相扣, 教学环节是否循序渐进地展开。通常情况下, 课堂教学的基本环节为引入新课→教学新课→课堂训练→课堂小结, 教学进程是将各个环节中的学生活动和教师活动有效衔接, 并按照学生学习的心理规律循序渐进地展开。不同内容的教学有不同的教学环节, 比如理论课的教学过程一般表现为明确学习目标、激发学习动机、感知教学材料、理解教学材料、巩固知识经验、运用知识经验和测评教学效果等七个序列性阶段, 实验课的过程一般为示范、讲解、模仿、纠正、练习、熟练等六个环节。教师在组织教学过程中, 应使各个环节环环相扣, 循序渐进, 并结合教学实际发展学生多方面的能力。下面"粗盐的提纯"的教学过程设计就较好地体现了教学进程中各个环节的环环相扣。

案例 "粗盐的提纯"教学过程设计

教学进程	教师活动	学生活动
设置问题情境	【展示实物】 ①精盐与粗盐 ②精盐水与粗盐水 【多媒体课件】海水中元素含量分步图	【观察】 ①精盐与粗盐的外观差异 ②精盐水与粗盐水的外观差异
提出问题（1）	【问题】 ①粗盐水中可能存在哪些杂质 ②怎样除去粗盐中的不溶性杂质和氯化镁、氯化钙等可溶性杂质	【小组讨论】 粗盐水中可能存在哪些杂质 除去杂质的方法和实验方案
学生分组交流讨论	【组织评议】除去杂质方法的可行性 【小结】除去杂质的方法,确定实验方案	【小组交流、评议】选择最佳实验方案 【小组活动】设计实验步骤及仪器药品
提出问题（2）	【问题】 ①怎样使氯化镁、氯化钙沉淀完全;②如何检验	【小组讨论】除杂试剂氢氧化钠、碳酸钠的用量问题和Mg^{2+}、Ca^{2+}的检验方法
实验探究	提供实验仪器、药品,检查、指导学生实验	【小组合作完成实验】粗盐提纯
学生交流汇报	组织学生交流汇报实验情况及结果	【小组交流、汇报】实验过程、方法,实验结果,实验的分工及合作,实验中出现的问题和解决的情况
教师评价总结	【总结】 ①除去粗盐中的不溶性杂质和氯化镁、氯化钙等可溶性杂质的方法 ②肯定学生实验的成绩并指出存在的问题 ③解答学生的部分疑问	【学生总结】 ①粗盐提纯的一般方法 ②实验中的得与失 ③体验和感受
作业	【布置作业】	【课下完成作业】

要保障教学进程环环相扣，教师在进行教学活动设计时，要注意以下几个方面。

首先，把握教材知识结构，讲究教材呈现艺术。

这里的"教材呈现"指的是教师在教学情境下怎样创造性地使用教科书、组织教材并以有利于学生学习的方式呈现课程内容。教师呈现教材的方式多种多样，可以从原有知识的复习引出新教材内容，调动学生的知识经验，促进新旧知识的相互作用；可以联系学生的生活实际，提出问题，使学生在研究和讨论问题的活动中学习、理解和运用教材；也可以提供蕴含某种内在理论和逻辑的素材，使学生讨论、研究和领悟，自己从中归纳或推演出结论；还可以利用教具或现代媒体，组织学生在活动中接触并运用教材等等。总之，教师呈现教材可以不限于直接出现在教科书上的例题或文字，也不一定由教师一味讲解。只要准确把握了教材知识结构，任何方法都可以达到教学目标。

其次，提供足够的例证和经验材料。

学生的表象和经验的储备是理解一切知识的基础，没有足够的感性经验就无法形成理性的认识。因此，教师在教学的展开阶段要根据学生实际为其提供丰富的例证，如利用实物或模拟等直观手段来调动学生的表象和经验，或列举学生熟悉的生活现象或事例等，从而为学生理解教材内容奠定感性基础。

再次，引导学生深入理解教材内容。

理解教学材料是在学生获得感性知识的基础上，在教师的指导下，经过学生自己的思维加工而实现的。可见，在教学过程中，要使学生实现感性认识到理性认识的提升，关键就是使学生开展积极的思维活动，发展思维技能。为此，教师工作的重心通常放在给学生提示思路、引导自主探索、教给思维方法、培养思维能力等方面。在学生的认识活动中，除了思维这一核心要素之外，还有观察、记忆和想象等要素的参与，所以在教学过程中对学生观察力、记忆力和想象力的培养也不可忽视。

第四，在巩固练习中实现真正掌握。

学生对知识和技能的掌握不是一蹴而就的，即使是学生已经理解了的知识，不巩固也会遗忘，不练习也难以继续深化并达到熟练。因此在教学的展开环节，教师必须引导学生动手、动口和动脑，在"做"和"用"中深入地学。

第五，及时测评教学效果，纠正学生学习中的差错。

在课堂教学的各个环节，教师都要通过观察、提问、测验等方式，敏锐地测评教学效果，及时发现学生的差错，实时纠正，同时要把学生的差错作为一种教学资源，利用差错去澄清模糊的认识、辨析混淆的问题、突破教学的难点，也要让学生从差错中吸取经验教训，增加体验，从而提高发现问题、研究问题和解决问题的能力。

第三节 教学节奏张弛有度

教学是时间的艺术。课堂教学需要科学地利用时间,在有限的时间内取得最大的教学效果。从时间上来看,教师必须在短短的一节课里落实各个教学环节,完成预设的教学任务。但从人的生理条件来看,大脑的兴奋经过一段时间之后就会出现一个疲劳的"低谷"。如果课堂教学节奏太快,单位时间里的信息量过大,学生无法展开思维,跟不上教师所讲的内容;如果课堂教学节奏过慢,又会使学生思维松弛,难以稳定注意力,甚至会使学生出现不耐烦的情绪,无法集中精神或"昏昏欲睡",严重影响教学效果。所以,对课堂时间的科学利用,表现在教学节奏上就是张弛有度,快慢适中。

张弛有度,既是军事上的辩证法,也是教学心理上的辩证法。神经的兴奋和抑制总是相互交替的,注意力的集中和分散也总是轮番更替的。无论是神经持久的兴奋还是注意力长时间的集中,都会使学生的大脑皮层不堪重负,严重影响学习的效果。因此,教师必须根据学生的心理规律来设计教学节奏,使其张弛有度。

课堂教学中的"张",一方面指课堂教学内容的"展"、教学节奏的"快",使课堂教学处于一种精彩生动、情绪饱满的状态;另一方面指学生积极动脑,或议或练,或踊跃回答问题,或思考练习题，使师生处于一种互相配合、齐心协力、共同完成课堂教学任务的紧张而有序的状态。课堂教学中的"驰"，是指教学内容展开、教学节奏加快、教学高潮过后的一段相应"缓冲"的阶段，也指学生思想放松、课堂气氛活跃、离开教学内容的一种活泼愉快的状态。下面案例中的课堂教学，就把学生带入张弛有度和舒缓有致的审美境地。

某高三化学教师在上复习课时，在大密度的讲解、议论和练习之后，播放了一个新编化学版《青花瓷》的搞笑视频，让学生的思维在适量的宽松情境中得到了休憩，从而保持了学生的旺盛学习精力。化学版《青花瓷》源于安新二中，作者为卧龙先生，具体歌词为：

白色絮状的沉淀跃然试管底/铜离子遇氢氧根再也不分离/当溶液呈金黄色因为铁三价/浅绿色二价亚铁把人迷/电石偷偷去游泳生成乙炔气/点燃后变乙炔焰高温几千几/逸散那二氧化碳/石灰水点缀白色沉底/苯遇高锰酸钾变色不容易/甲苯上加硝基小心TNT/在苯中的碘分子紫色多美丽/就为萃取埋下了伏笔/原电池电解质通电阴阳极/化合价有高低原子来转移/精炼了铜铁锌锰镍铬铝银锡/留下阳极泥/（第ⅠA主族金属与水反应视频）无色酚酞面对碱羞涩脸绯红/紫色石蕊遇到碱青蓝慢淡出/酸碱和盐融入水离子解离开/酸和氢氧根、金属三角恋/氢氧化钠易腐蚀潮解味道涩/火碱烧碱苛性钠俗名遍地找/（石油化工）你用途十分广泛/精炼石油制作干燥剂/稀释那浓硫酸浓酸入水滴/沿器壁慢慢倒搅拌手不离/浓酸沾皮肤立即大量水冲洗/涂抹上碳酸氢钠救急/甘油滋润皮肤光滑细又腻/熟石灰入土地酸碱度适宜/看酸红碱紫的试纸多美丽/你眼带笑意……

这个案例中，教师巧妙地给学生创造了一个宽松情境来"缓冲"情绪，让学生在轻松风趣的歌声中静心回味"化学"，既放飞了学生的思维，又让它飞不出"化学的围墙"，恰到好处地体现了张弛有度的节奏艺术。

快慢适中是针对课堂教学进度而言的，是指教学环节的组织与教学流程展开的速度。适中的教学进度有利于课堂教学效率的提升，教学进度太快或太慢则会影响教学效果。

作为初中化学教师，每年都带初三，每年都在中考的压力下教学，张老师每节化学课都有打仗般的感觉。而且，在课堂上，每次让学生起来做题或回答问题，张老师总是比学生还紧张，因为怕学生做不出来拖延了时间，导致课堂教学任务完不成。

因此，今天上课时，当小李同学在讲台上紧张地思考、做题时，张老师不得不打断他的思路，让他回到座位上，并亲自"操刀"把题目讲完了。尽管小李同学显然尚存疑惑，但张老师还必须接着讲下面的内容。

常言道："欲速则不达。"即使课堂上勉强完成了教学任务，学生也不会消化吸收。但张老师的压力是多数初三化学教师都必须承受的压力，如何在很短的时间内讲完初中化学的全部内容，也是所有初三化学教师必须面对的实际问题。然而，靠增加课堂教学内容和赶课堂教学进度是解决不了实际问题的。赶课堂教学进度，等于每堂课都给学生吃"夹生饭"，只会严重影响学生的学业进程，因为前面的内容没有学好、没有巩固，再学后面的内容时就会遇到障碍，学生学习起来就会感到困难重重。所以，为了取得良好的教学效果，要以学生的学习接受度为课堂教学进度的尺度，教师还要以从容的心境展开教学，并能根据课堂教学的实际情况及时调整教学进度，使其快慢适中。

第四节　应变艺术——恰当地处理偶发事件

在课堂上，经常会发生教师未预料到的事件——偶发事件。对偶发事件，教师必须随机应变，妥善处理，才能保证课堂教学的顺利完成。在实际教学中，如何具体地处理偶发事件，全凭教师对学生的了解和高超的教学机智。《教育大辞典》对教学机智的解释为："教师面临复杂教学情况时所表现的一种敏感、迅速、准确的判断能力。如在处理事先难以预料，必须特殊对待的问题时，以及对待处于一时激情状态的学生时，教师所表现出的临场的、敏捷的、快速的反应能力。"俄国著名教育家乌申斯基曾说："不论教育者怎样地研究了教育学理论，如果他缺乏教育机智，他就不可能成为一个优秀的教育实践者。"可见，课堂教学机智是一种教学能力，实际上也是一种巧妙处理教与学矛盾的教学技巧，更是教师必须具备的一种教学艺术，即应变艺术。

课堂上发生的偶发事件,既可能是由教师本身的教学失误造成的,也可能是由学生的违规行为造成的,还可能是由教学环境的突变造成的。但不管是哪种类型的偶发事件,教师都要充分发挥教学应变艺术的应变性、独创性和巧妙性,对其进行恰当的处理。

一、对教师自身教学失误的处理

课堂教学是一种极其复杂的劳动,尽管教师在课前认真准备,但在课堂上仍不能完全避免自身出现一些意想不到的失误。前苏联霍姆林斯基认为,"教育的技巧并不在于能预见到课堂教学中的所有细节,而在于根据当时的具体情况,巧妙地、在学生不知不觉中做出相应的变动"。也就是说,教师在课堂教学中出现教学失误并不奇怪,关键是如何随机应变来正确地对待和处理这种失误。对于新任教师而言,更是如此。请看下面的案例。

某化学教师在课堂上演示了一个小实验:向试管中倒入氢氧化钠溶液,再加入硫酸铜溶液,生成蓝色絮状沉淀氢氧化铜,然后对试管进行加热。结果试管突然破裂,试管内的药品洒落在实验桌上。实验失败,惊叫声四起,坐在前排的学生以手捂面,生怕药品溅到自己脸上,而后排的学生怕看不到,全都站了起来,甚至有的同学已经站在了凳子上,教室里一阵躁动。

面对此混乱的情境，该教师仍然不慌不忙，从容地要求学生保持安静，然后提出问题："请同学们思考一下，为什么会出现这种情况呢？"学生还沉浸在对试管破裂的惊讶当中，对教师的提问没有任何反应。于是教师继续追问："请大家思考，在实验的过程中，哪些情况会导致试管破裂呢？"此时，学生争先恐后地发言……

教师把学生所说的导致试管破裂的错误操作一一列在黑板上，然后又问："那刚才的试管破裂可能是哪种情况导致的呢？"此问题激发了学生的研究积极性，开始相互讨论，也有的学生开始从书中查找答案。片刻之后，一位同学站起来说："书上要求是滴加硫酸铜溶液，而老师是直接倾倒的。"一石激起千层浪，其他同学一下子就像炸开了锅似的，开始议论，"直接倾倒硫酸铜为什么会使试管破裂呢？"

终于可以收拾自己教学失误所造成的残局了。教师稍微缓了缓，解释道："直接倾倒硫酸铜溶液，产生的沉淀较多，而且是絮状沉淀，会阻碍试管内液体的循环流动。热的液体不能上升，冷的液体不能下降，会出现试管内液体的温度下热上凉，从而导致试管受热不均匀，所以试管会破裂。"在学生明白了这一点后，教师又问："今天这个实验操作，让我们明白了做实验必须要科学严谨的道理。谁能告诉我如何才能成功地完成今天的实验？"

学生又开始争先恐后地发言。……根据大家的总结，教师把实验重新成功地做了一遍。

在这个案例中，教师尽管花了较多的时间来处理教学失误，但最终变教学失误为教学资源，用教学机智化解了教学危机。处理类似的教学操作失误，常用的方法是让学生寻找失误的原因，学习操作的规范，认识操作失败的危害。

在课堂教学中，教师的教学失误不仅会发生在实验操作上，也有可能是教学语言失误、板书书写失误等，但不管是哪种类型哪种原因造成的教学失误，教师在处理时都要注意：第一，要学会自我监督和及时从学生身上得到反馈，发现失误，及时纠正，以避免小错变成大错，或一错到底；第二，要反应敏捷，不要手忙脚乱，应迅速思考对策，选择最巧妙的办法纠错。尤其对于新任教师来说，切忌发现失误后，不假思索地马上承认错误并改正。因为这样不仅会严重影响到教师的形象，更容易流失课堂生成的教学资源。

二、对学生违规行为的处理

正如在其他社会领域一样，每个课堂都会有不参与课堂活动而且有意捣乱的学生，在听课时讲话、拒绝参加小组活动、故意制造声音、故意提出疑难问题来拖延教学等等。对于新任教师来说，课堂管理是他们面临的最大挑战之一，因为管理捣乱行为必须要有一套专门的知识和特定的技巧。这些知识和技巧是教师智力、知识和经验的"合金"，是教师在长期的教学实践活动中总结出来的教育智慧和经验。新任教师在积累教育智慧和经验的过程中,首先要学会"明察秋毫、一心多用"的技巧。

所谓"明察秋毫",就是能准确、迅速地发现学生的违规行为,就像"在后脑勺上长了眼睛"一样,能立即发现异常行为,并能立即意识到是哪个学生在作怪。

"一心多用"是教师用来处理所发现的异常行为的技能,是指教师在处理学生的异常行为时,并没有影响到正在进行的教学,而是不显山不露水的处理掉违规行为。例如,边讲课边走近正在做小动作的学生;将手放在与邻桌讲话的同学肩上,同时接着讲课;讲到相关内容时,用"有意拖延教学的问题"或"带些小聪明的发言"等作为例子,从而巧妙地化解违规行为等等。

然而,课堂上不是只会发生这些能静悄悄地处理掉的违规行为,还会发生一些"必须制止的事件"。"必须制止的事件"是指课堂上发生的事情到了足够严重的程度,如果不及时处理,在管理上就会带来数量更多、范围更大的难题。确认和处理"必须制止的事件",是新任教师面临的又一大课堂管理难题。

一般来说,有经验的教师在处理相对严重的课堂突发事件时,通常采用热处理和冷处理两种方法。所谓热处理,就是对刚刚发生的偶发事件就地解决。对偶发事件进行热处理时,教师首先要冷静而迅速地想到对策,在不影响教师形象、不导致课堂教学一片混乱的情况下,当机立断,迅速解决,达到既有效解决事件，又能让偶发事件转化成教学事件，成为对学生进行教育的契机。通过下面的案例来体会偶发事件的热处理技巧。

刚大学毕业的小王，到某城乡结合部的一所中学，担任初三化学教师。刚上任的他对工作充满了激情和期待，他精心地准备了绪言课，想在初三化学的第一节课上就"一炮打响"，征服所有的学生，从而使他们喜欢上化学，同时也喜欢上化学老师。然而，当他满腔热情地走进教室时，一推门，掉下来一把扫帚砸在了头上，刚弯腰拾起扫帚，又发现黑板上画着他的肖像，并写着"王老师一路走好"。而学生全都安静地看着他，既没有哄堂大笑，也不说话。

面对如此局面，小王老师不仅非常生气，而且有些措手不及，不知该如何开始他精心准备的课。如果漠视不理学生的这些行为，擦掉黑板直接开始上课，多数学生的注意力肯定不会集中于课上。于是他决定马上处理这些事。小王老师把教案放在讲桌上，面带微笑地说："第一次和大家见面，本想进行详细的介绍，不过现在看来，大家对我还是有所了解的。当我发现不会说话的扫帚都能走上门框时，我也对活泼而淘气的同学们有了一些了解；当我看到黑板上的画面时，我又发现了你们对我的期盼，在通往化学的这条路上，只有我一路走好还不够，需要你们也一路走好。但是，学化学也并不是一件容易的事，需要大家灵活的思维和认真的态度，而不是捣乱的行为。"话音刚落，全班同学开始鼓掌。让小王老师吃惊的是，偶发事件的处理反而使课堂气氛活跃了，非常有利于开始他精心准备的绪言课。

在这个案例中，小王老师"无心插柳柳成荫"，很巧妙地处理了偶发事件。其实，在处理这类偶发事件时，教师如果不主动把自己推向学生的对立面，而是沉着、冷静、宽容、迅速果断地采取相应对策的话，矛盾是很容易化解的。而且，宽容的策略不仅能使自己摆脱窘境，对教育学生也能收到非常好的效果。

冷处理就是教师对偶发事件采取暂时冻结的方式，课堂上不予解决，等到下课后再行解决或不予理睬的处理方式。对于冷处理方法的使用技巧，可以通过下面节选的某高一化学教师的教学日记来体会。

（2011年10月10日）……昨天上午在给高一（4）班上化学课时，有几个不听课的学生在相互踢一个空的饮料瓶，像踢球一样，而且边踢边看我的表情，估计他们是在故意让我生气，然后停止讲课来管理他们。我采取了冷处理的方法，漠视他们的行为，仍然有条不紊地讲我的课，看也不看他们一眼。但我注意到，旁边几个听课的学生用厌烦的眼神看着那几个"踢球"的学生。不一会儿，他们或许是感觉无聊了，或许是感觉老师的态度"反常"有点怕了，终于停止了"踢球"，安静地坐在那注视着我。好象在专心地听课，但我认为他们几乎都在思考这个琢磨不透的老师。不管怎样，我依然顺利地进行着我的课堂教学。下课后，我把他们叫到了办公室，并且非常强硬地对他们说："以后在我讲课的时候，不要互相踢饮料瓶，更不要有类似的违规行为，我也绝对不会容忍你们再这么做。否则，我会用你们意想不到的办法来惩罚你们。"不料，几个爱捣乱的学生在听了这短短的几句话后就乖乖认错了。我认为他们依然是被我的琢磨不透吓住了，……

这位老师用冷处理的方法很好地将学生的违规行为留到了课下处理，并且很严厉且直接地表达了对学生的不满，不仅让学生认识到了自己的错误，还很好地预防了类似违规行为的再次发生。值得注意的是，教师在课下处理学生的违规行为时，切忌优柔寡断、拖泥带水。例如，有的教师喜欢问捣乱的学生为什么要那样做，这就无形中给了学生一个找借口的机会。咋看起来，老师是为了理解学生，但实际上，优柔寡断、拖泥带水的批评不利于违规学生明确教师的意思，更不利于认识自己的错误。

总的来说，在处理由学生的违规行为所造成的课堂偶发事件时，不论采取哪种方法，都不要耗时过长，更不要发生和学生"顶牛"的现象。

三、对教学环境中突变事件的处理

教学环境突变是指外来干涉事件的发生导致课堂教学环境的不协调，它不是由学生引起的，而是由外界某些偶然因素的干扰而引起的事件，对于这类事件的处理同样需要运用教学机智。通常情况下，对教学环境中突变事件的处理采用因势利导的方法。学生的好奇心比较强烈，偶发事件很容易把学生的注意力吸引过去，此时让学生回到正常的教学进程中来有一定难度，但教师可以抓住偶发事件的积极因素，对学生进行因势利导的教育和教学活动。例如：

某初三化学教师在上"气体的制取装置"的实验探究课时，正当要用多媒体展示不同的气体制取装置来作比较时，停电了。多媒体教学设备瘫痪，学生看着老师并开始说话，很快教室里就是一片混乱，甚至有的学生提出要提前下课。但老师却不慌不忙地说："没有电的生活，我们很不习惯。但今天停电了，却给了我一个展示技能的机会。"接着用试探性的口气对学生说："我在黑板上画气体的制取装置，你们来作比较，好不好？"学生一听老师要在黑板上画那些装置图便兴奋了起来，马上安静了下来，期待地看着老师。教师很快就在黑板上画好了"固固加热"、"固液加热"、"固液不加热"三种制取气体的装置图，而且画得非常漂亮。有的学生竟情不自禁地说："画得真像！"可见，学生被教师的板画技能征服了。所以，课堂教学也顺利地进行下去了。

在这个案例中，教师利用自身高超的板画技能转化了多媒体瘫痪这个突发事件，不仅没有影响到教学的流畅性，而且不经意间提升了自身的形象，因势利导引导学生继续学习，甚至更吸引了学生。可见，对课堂教学中发生的意想不到的情况进行恰当的处理，可以收到意想不到的教学效果。但是，扎实和广博的专业知识和技能，是教师有效处理各种突发事件的前提。

因此，教师不仅要拓宽自己的知识面，开阔视野，博闻强识，还要做到精、钻，对专业知识和技能有深入的研究，这样才能在课堂教学实践中有效地应付突如其来的问题，于瞬息之间创出一个"惊喜"给学生。

第五节　师范生常见的教学组织问题及诊断

一、不能恰当地处理突发事件

师范生在处理由于自身的口误或笔误造成的突发事件时，总是"哦，错了，错了"，迅速而且肯定地承认错误，而不是选择恰当的方式来纠正失误。对学生故意引发的突发事件，新手教师总是置之不理，如：

某师范生在讲完氯气的性质后，问学生"听清楚没"？有个学生大声地说："没听清。"于是，该教师又重复讲了一遍，然后又问那个学生，"会了吗"？那位学生依然大声说"不会"……

显然，这个学生是在故意刁难老师。事实上，对于新手教师，碰到这样的突发事件会很常见，具体要如何进行艺术性的处理，才会不影响课堂教学呢？一般来说，如果教师确实讲解得很清楚了，大多数学生也听明白了，再碰到这样的突发事件时，首先要强调学生注意听讲，然后迅速将"不会的场面"转移到习题上，通过做题来了解学生对知识的掌握情况，同时深化和巩固学生对知识的理解；如果教师的讲解本身比较含糊，大多数学生通过表情和体态动作也反馈回了没听懂的信息，那么，教师就要及时调整教学方法，重新讲解，边讲解边做题，直到多数学生听懂为止。

二、使用视频过于频繁

师范生在进行教学技能训练时，一般情况下是10分钟的微格教学。有的师范生在10分钟的教学中能播放两个视频，而且视频都不是自己制作的，而是从优酷网上下载来直接使用的。播放视频不仅挤占了教师的讲授时间，而且也不好和其他内容进行有效衔接，所以在选择使用视频素材时，不能只考虑视频素材的便捷性，更要考虑教学效果。其实，有些简单实验视频，如酸碱遇指示剂变色的实验，不如教师自己在课堂上演示效果好，或者教师自己制作微视频，在课堂上播放。

当然，从网上下载的视频也可以直接使用，但在使用时要注意"去粗取精"，删减掉没必要的东西。例如，某师范生在视频播放中伴有自己的讲解，但视频中的讲解声音没关掉，以至于出现了不该出现的噪音，致使学生既听不清楚教师的讲解，也听不清视频本身的讲解。视频播放结束后不关页面，于是在该页面的下面出现了乱七八糟的分散学生注意力的视频图片。视频只是一种工具，就好像副板书一样，用完擦掉，否则就会影响整个板面的整洁。

师范生在使用多媒体时，还存在的一个问题是PPT使用不熟练。如，教学中使用的视频没有连接在PPT上，每用到一个视频,就要先关掉PPT,再打开视频。这样太浪费宝贵的课堂时间,通常情况下,教学所用视频要超链接在PPT上,使用起来才方便。

三、教学内容设计得多,不能按时完成

新手教师在课堂教学中很少关注学生的知识水平,只是一味地按照自己的教学设计进行教学,造成学生不会的要讲,学生会的还要讲的局面。这种课堂的特点是教师讲给自己听,而不是讲给学生听;这种课堂的表现是教师讲得辛苦,学生听得厌烦,下课了教师依然在讲,学生却没有掌握多少,甚至连课堂教学重点也不知道。

师范生设计教学内容的另一个特点是教学内容容易超纲。一方面由于师范生不熟悉中学的教材内容,另一方面由于受到大学中正在学习的专业课的影响,师范生在讲授中学内容时,总是不由自主地超纲。例如,某师范生在讲初中化学时,突然给了学生一个"2摩尔的盐酸",初三学生必然一头雾水。

总想着把所有相关知识讲给学生听,所以,课堂上讲的内容很多,不注意培养学生"会学"的学习意识,有时甚至不关注教学内容的前后连贯性,只是一味地要求学生把教师所讲的内容"学会"。例如,在讲"食品添加剂"时,师范生往往是把各种添加剂罗列出来逐一讲解,把一些本身可以联系生活实际引发学生讨论交流的内容讲得枯燥无味,甚至一堂课下来还没有讲

完。其实,在讲此类内容时,通过引导学生认识某一种添加剂,促使学生掌握了解其他添加剂的过程和方法,以及如何正确看待食品添加剂,从而培养学生学会应用所学知识去继续学习的习惯和能力。

四、忽视教科书中某些栏目的内容

师范生在教学中经常忽视教科书中"思考与交流"、"资料卡片"等栏目的内容,致使这些栏目的教育功能不能被充分发挥出来。多数师范生比较重视化学史在化学教学中的地位和作用,但往往在课堂教学中不能恰当地使用化学史。例如,某师范生在讲"阿伏伽德罗常数"时,提到了阿伏伽德罗,也作了相关的介绍,却没有提到阿伏伽德罗怎么得出这个常数等与教学内容有关的史料。也就是说,尽管师范生认识到了化学史对于激励学生的情感态度与价值观有不可估量的作用,但是多数师范生在课堂教学中很少涉及化学史,就算有的涉及了,也不能有效地和教学内容衔接。

五、课堂上与学生互动少

多数师范生在课堂教学中缺乏与学生的交流互动,一般情况下,只顾着完成讲解内容,根本不管学生的学习情况,就算偶尔有个提问,也多数是自问自答,达不到提问的真正目的。与学生互动少的根本原因在于教学实践经验的缺乏,尤其是对所讲内容不熟悉。随着教师教龄的增长，吃透了教学内容，能灵活使用各种教学方法，融会贯通，熟能生巧，这时，教师的课堂关注点就会从教学内容转移到学生身上，开始关注学生的学习情况，与学生的课堂互动就会随之增加。所以，课堂上与学生的互动少，只是职前期教师的一个普遍表现，不需要师范生在教学技能训练时牵强附会地强加与学生的互动。如果课堂互动处理不当，不仅影响课堂教学的顺利进行，还会分散学生听课的注意力，适得其反。

第七章　结课艺术

明人谢榛在《四溟诗话》中说："凡起句当如爆竹, 骤响易彻; 结句当如撞钟, 清音有余。"其意思是说, 文章开头要响亮, 使人为之一震; 结尾要有韵味, 使人觉得余音绕梁, 不绝于耳。这里讲的虽然是写作, 但更适用于课堂教学。有经验的教师, 常把最有趣的东西放在课堂教学的"末场", 越是临近"终场", 学生的注意力越是被情节吸引, 就越能激起他们对下一次教学的强烈渴望。但是, 通常情况下, 课堂的结尾部分是中小学生心理的疲劳区, 他们经过40分钟的听讲, 不但视觉和听觉上感到疲劳, 而且情绪上也已经出现抑制心理, 注意力也开始分散, 即心理上已出现"盲动地带"。这时, 要使学生持之以恒地把教师表述的东西或巩固的问题印在大脑中, 并随着教师的思路产生"共鸣", 确实不易。所以, 需要新手教师认识结课的重要性, 并掌握一定的结课技巧。

第一节　结课的作用及要求

一、何为结课

结课, 又称为课堂教学的结尾, 是教师在课堂教学任务终结阶段,引导学生对知识与技能、过程与方法、情感态度与价值观的再认识、再总结、再升华的教学形式,其本质在于总结、升华和延伸课堂教学内容,为后续学习奠定基础。也就是说,结课的目的是将本节课的要点和主要概念总结出来,并将它们整合到学生已有的认知结构当中。但是,结课不是简单的知识回顾,而是应该帮助学生将教学内容与其他各节课的内容联系起来。

课堂"结尾"与课堂"导入"一样,都是课堂教学的重要组成部分。从课堂"导入"开始,学生就在教师精心创设的情境中愉悦地、积极地探索知识,然而,在获取过程中得到的新知识可能是零星散碎的、不系统的,如果在课堂结尾阶段,教师有意识地穿针引线,诱导学生对教学目标中的知识要点、学习方法、情感要求进行简明扼要的梳理、概括,就会使学生把所学知识与已有知识有机地联系起来,连成知识线,进而形成知识网,从而有效地掌握和巩固所学知识。

当然,结课不是机械地复习前面所讲的内容,而是重在教方法、抓规律,引导学生站在更高的层次上,从新的视野对所学知识进行拓展延伸,使学生纲举目张,执简驭繁,并能创新实践,恰当地利用所学知识解决实际问题。

二、结课的功能和作用

在课堂教学中,好的结尾,可以使课堂教学锦上添花,余味无穷,给学生留下难忘的记忆,激起进一步学习的愿望。具体来说,结课的功能和作用有如下几点。

1.将所学知识系统化,帮助学生理解记忆

完善、精要的结尾,画龙点睛般地对本节课的中心内容归纳总结,提纲挈领地加以强调、梳理或浓缩,不仅使学生对新知识、新技能的理解更加清晰、准确,记忆更牢固,而且有利于学生将所学到的新知识和新技能及时地进行系统巩固,并纳入自己的认知结构中。

从艾宾浩斯遗忘曲线所揭示的"先快后慢"的遗忘规律,不难发现,及时复习所学知识,对于增强记忆、防止遗忘,非常重要。所以,在课堂教学结尾时,教师首先有意识地营造一种轻松、愉悦、和谐的学习情境,为学生提供一个良好的记忆氛围,然后有效地组织学生对课堂教学知识回顾和再现,使所学知识在学生脑海中变得更鲜活、更清晰。这样及时地对知识进行巩固复习,非常有利于学生对知识的正确理解和深刻记忆。

2.及时反馈教学信息,帮助教师评价教学

教师在下课前需要得到一些诊断教学的信息,一种非常有效的方式就是让学生演示学到的内容或者加以应用。这个方法具有的另一个优点是能立即向学生提供反馈,所以,很多教师都用让学生完成课堂练习或者作业来结束课堂教学,并立即反馈给学生,进而评价教师的教学目标和学生的学习目标。

巧妙自然的结尾,可以为教师提供足够的信息,如聆听学生的发言,提出试探性问题让学生回答,布置作业后密切观察学生的完成情况等,都可以让教师了解学生对所学知识的掌握情况,从而评价教学效果,为接下来的教学准备提供参考。

三、 结课的基本要求

1. 首尾呼应

课的结束应当与课的开始相呼应,不能离题太远,不着边际。如果在课的开始,通过问题来导入教学,那么,课的结尾一定要合理地解决此问题;如果在课的开始,明确了学习目标,那么在课的结尾就要评价学习目标是否达成。

例如,某师范生在进行铁盐和亚铁盐的教学(详见附录2)中,用"茶水变变变"的魔术引入,然后在课的结尾,引导学生揭秘这个魔术,其表述为:

"通过今天的探究,我们得到了三价铁离子的两种检验方法。两种试剂分别是氢氧化钠和硫氰化钾溶液。接着,我们又探究出了三价铁离子转化为二价铁离子,需要加入一种强的还原剂。二价铁离子转化为三价铁离子需要加入一种强的氧化剂。好的,那么现在同学们是否可以自己揭秘这个魔术了呢? 我想,应该没有问题了。具备了今天所学的这些知识,我们不仅能够揭开魔术的神秘面纱,同时呢,我们也学会了去解释生活中的一些问题。最后,希望同学们通过今天这节课更加了解化学,喜欢化学,用化学的知识去解读生活的奥秘。"

首尾呼应,不仅体现出了课堂结构的完整性,更有利于学生形成完整的知识结构,能学以致用,有效地利用所学知识解决实际问题。

2.留有余味

在一堂课结束时,教师应注意语言的含蓄,不能把话说得太满和太绝,要给学生留下适当的思考空间,使学生感到"课虽尽趣尚浓"。这样,也能为后续的教学埋下伏笔,使前后内容衔接紧密。而且,耐人寻味的结尾,能调动学生课后扩大知识视野的积极性,有利于发展他们的自学能力、思维能力、分析问题和解决问题的能力。

例如,某师范生在讲楞次定律时,采用了如下留有余味的结尾方式(详见附录5)。

"最后,让我们一起来思考一个实际应用问题,请看题:

汽车的大灯是由汽车中的发电机供电的,而发电机是由汽油发动机来带动旋转的,汽车在行驶的过程当中发电机一直在不停地旋转着,那你能不能用我们今天所学习到的知识去思考当汽车行驶的过程当中开着大灯与不开大灯耗油一样多吗?为什么?

这个问题就留给大家课后去思考,大家可以结伴而行,去找有车的家长进行讨论,也可以去查阅相关的资料,我们将在下节课针对这个问题做进一步的探讨和交流。"

学习的目的是解决实际生活中遇到的问题,但在课堂内却无法将所学知识一一应用到实际生活问题中,利用课堂结尾,联系课堂内外,因势利导,把课堂上不能解决的问题提出来,或发动学生到生活实践中发现问题、解决问题,这样既巩固了课堂上所学知识,又解决了实际问题。这就是结课艺术中"留有余味"的题中之意。

3. 恰当紧凑

恰当紧凑的结课,可以艺术性地概括为"短、准"两个字。所谓"短",就是教师在结课时,要做到言语简洁、明白、易懂,不拖沓冗长使人厌倦。只有精短的结尾语言,才能激发学生的学习兴趣和求知欲望。所谓"准",是指简短的结束语要准确地描述课堂所学重点知识内容,不能漫无边际,脱离主题。

课堂教学时间是有限的,不能把太长的时间用来结课。所以,教师要恰当地把握结课时间,及时而有效地结束教学,不能把结课时间拖得太长,但也不宜匆匆忙忙或随随便便地结课。需要新手教师注意的是,结课的时间并不是讲完主要内容后到下课铃响前的时间。如果课堂教学节奏快了,给结课留下了较多的时间,也没必要拖沓冗长地进行结课,而是对课堂时间进行合理的再分配,在恰当地结束教学以后,将剩余时间留给学生自己。

4. 言简意赅

言简意赅的结课,可以艺术性地概括为"精、巧"两个字。所谓"精",就是要精心设计课堂结束语,做到内容精练、总结精彩,抓准关键、突出重点。所谓"巧",就是切中要害,画龙点睛,恰到好处。

有句格言说:"没有结束语的结尾贫乏无力,而没完没了的结尾则令人生畏。"所以,结课的语言一定要少而精,干净利落,紧扣课堂教学的中心,这样才能使学生容易抓住要领,加深对所学内容的理解。一般情况下,课堂结尾所占时间以2~3分钟为宜,要尽量腾出时间让学生自主感悟所学内容。

四、结课的注意事项

1. 结课切忌草率或拖拉

有的教师很注重课的导入,而不在意课的结尾,往往是下课铃一响,课上到哪儿算哪儿,草率收尾;也有的教师很在意结课,把本来没必要讲的内容放在结课时讲,以至于下课铃响了还不能结束讲课而拖堂。这些结课都会使学生产生厌烦情绪,造成不良的教学效果,所以,课堂教学必须要有恰当的结尾部分,既不能虎头蛇尾,草率收尾,也不能画蛇添足,拖拖拉拉,而应画龙点睛,恰到好处。

2. 结课切忌平淡无味

平淡无味的课堂结尾,达不到启发思维、激励学习的效果,反而很容易使学生在平淡中淡忘了所学的主要知识内容。因此,在一堂课结束时,应注意浓郁的色彩和艺术的含蓄,使学生感到"言已尽而意无穷",课后能回味无穷、联想万千,真正成为学生学习的增强剂。

第二节 结课的艺术方式

艺术性的教学，要求教师在课堂教学结束时，给学生留下"教学已随时光去，思绪仍在课中游"的感觉。但这绝不是轻而易举就能达到的效果，需要教师掌握一定的结课艺术方法，不断提高结课的艺术水平。丰富的教学实践，已经创造出了许多美好的结课艺术方式，归纳如下。

一、总结式结课

总结式结课是指在结课的时候，教师自己或组织引导学生用准确简练的语言，提纲挈领地把整节课的主要内容加以概括总结。这种结课方式在日常课堂教学中最常用，既能帮助学生理清思路，构建知识网络，又能帮助学生突破重难点，加深对所学内容的记忆、理解、把握和巩固。例如：

案例（1）：在学习铝及其化合物这节内容时，由于铝及其化合物化学性质的特殊性，既能与强酸溶液反应，又能与强碱溶液反应，涉及的化学反应比较多，容易给学生造成知识混乱，所以，有的化学教师在结课时采用如图7-1所示的"铝三角关系"，不仅能让学生理清铝的各化学反应之间的内在联系，而且能使学生从整体上系统地掌握知识点，从而培养综合概括的能力。

图 7-1

案例（2）：在学习元素性质的递变规律时，某化学教师利用表格的形式进行总结：

项目	同周期（左→右）	同主族（上→下）
核电荷数	逐渐增大	增大
电子层数	相同	增多
原子半径	逐渐减小	逐渐增大
化合价	最高正价：+1→+7 负化合价：-4→-1	最高正价=族序数 负化合价=-（8-族序数）

案例（3）：在讲授自由落体运动时，某物理教师是这样归纳总结的：

自由落体运动 {
定义：只受重力，由静止开始运动。

特点：初速度为0，加速度为 g 的匀加速直线运动。

规律：$v_t = gt$，$h = \dfrac{1}{2}gt^2$，$v_t^2 = 2gh$。
}

通过这样简洁明了而又系统完整地总结归纳，使学生对自由落体运动知识有了全面、系统的了解，既将本堂课的基本知识加以高度概括，又有利于学生的记忆和物理方法的应用。

在使用总结式结课时，教师可以利用黑板、投影仪或多媒体等手段用文字、图示或表格的形式加以概括,如上述案例所示;也可以先引导学生总结,然后教师做适当的补充,给学生一个系统而完整的认知印象。不管采用哪种方式进行课堂总结,只要有学生参与,效果就会更好。

但是,总结式结课不是教学内容的复述和再现,切忌"眉毛胡子一把抓"的全面完整,因为面面俱到的归纳总结容易冲散教学重点,造成学生不知道哪些是必须掌握的知识点的混乱局面。所以,总结式结课应该对教学重点、学习难点、重要思想和方法等进行归纳总结,使课堂核心内容更加显豁突出,让学生在听课的基础上,进一步理解和提高。

二、悬念式结课

悬念式结课指教师用设置悬念的方法结课,给学生留下一个有待探索的问题,使学生急切地等着下一节课。这种结课方式能够很好地把前、后两节课联系起来,既引申前一节的意蕴,又为后一节课做好铺垫。例如:

案例(1):某化学教师在讲"醇"时,采用了如下悬念式结课方法:

"通过本节课的学习,同学们知道羟基与饱和链烃基直接相连的化合物叫醇,其性质与乙醇相似。可是,如果羟基不与饱和链烃基相连,而与苯环直接相连,又会产生什么样的化合物呢?它的性质是否也和醇一样?关于这些问题,我们下节课接着探讨。"

案例（2）：某物理教师在讲电流的磁效应时，设置了这样一个疑问：

"通过本节课的学习，我们知道了电流能够产生磁场，那反过来，磁场能不能产生电呢？我们将在下一节电磁感应中揭开谜底，同学们可以先预习一下那部分内容。"

案例（3）：某物理教师在讲动量定理时，在课的结尾做了一个小实验：用一根细线，悬挂着一块石头，如图7-2所示。然后问学生："当我拉下面的细线时，是上面的线先断还是下面的线先断？"有的学生说上面的线先断，有的说下面的先断，还有的说上面和下面的线同时断。在学生争论激烈时，教师却说："我完全可以控制，要上面的线先断也行，要下面的线先断也行。"并且做了两次与预测结果相一致的演示。学生们兴趣大增时，下课铃响了。教师说："为什么我能很好地控制哪根线先断，请同学们在课外自己动手去做一做，并结合今天所学内容，相互讨论，得出一个正确的结论，下节课回答。"

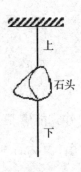

图7-2

和心理学上的"蔡加尼克效应"一样，半途而止的讲解更有效。所谓"蔡加尼克效应"，是指人在执行某个任务时的紧张状态会一直持续到任务完成，如果工作中断，紧张状态会让人的心理活动指向未完成的任务，从而对有关内容记忆更牢。"蔡加尼克效应"说明，当心理任务被迫中断时，人们就会对未完成的任务念念不忘，从而产生较高的渴求度。悬念式结课，有效地利用了"蔡加尼克效应"半途而止的讲解效果。

悬念式结课，"悬念迭起，丝丝入扣"，可使学生对将要学习的知识跃跃欲试，促使他们主动预习，寻找答案，也为下节课的开始埋下伏笔。有经验的教师经常使用悬念式结课，使学生在"欲知后事如何"时戛然而止，给学生留下一个有待探索的疑问，激发学生的学习兴趣和继续思考的热情，让"且听下回分解"成为学生的学习期望和探索动力。

三、回味式结课

回味式结课，指教师用含蓄隽永、耐人寻味的语词、诗歌、箴言、口诀或隐喻结课，从而引发学生对所学内容展开想象，回味再三，达致意味深长和难以忘怀。例如：

案例（1）：某化学教师在做氢气还原氧化铜实验时，编制如下口诀来结课："试管被夹向下倾，实验开始先通氢，空气排尽再点灯，冷至室温再停氢；先点灯，会爆炸，先停氢，会氧化，由黑变红即变化，云长脸上笑哈哈。"

案例（2）：某化学教师在讲化学平衡会向哪个方向移动时，用如下小诗来结课："两军对阵看谁强，弱者为寇强为王。化学平衡移向哪？增强一方胜对方。"

案例（3）：在讲天平的使用时，有的化学教师用简略的歌诀语言来概括总结："称前调零点，左物右砝码，加码大到小，称后要复原。"

案例（4）：学了元素化合价后，某化学教师把各元素化合价编成一个口诀来结课，从而帮助学生记忆。口诀为：一价钾钠氢氯银，二价钙氧钡镁锌，三铝四硅五氮磷，二三铁二四碳，二四六硫都齐全，铜汞二价最常见，莫忘单质价为零。有的教师甚至将此口诀配以《青花瓷》的音调唱出来，从而分化学习难点，提高学习兴趣。

大量的教学实践研究表明，充满情趣的课堂结尾能有效地再度激发学生的学习动机，使学生的身心得到放松，浓厚的学习兴趣得到保持。所以，通过那些生动形象、简明扼要、通俗易懂、富有韵味的口诀或歌谣来概括本堂课的主要内容，会让学生喜闻乐见，回味无穷，大大提高记忆效率，同时能启发学生课后自学的兴趣。

四、激励式结课

激励式结课指教师在结课时，结合本堂课的教学内容，以充满激情、洋溢理想的话语或故事，对学生进行生动的情感、态度与价值观教育，寄厚望于学生，打动学生的心扉，给学生留下深刻的印象。例如：

案例（1）：某化学教师在酸雨的探究性学习交流汇报课的结尾，采用如下的激励学生加强环保意识的语言来结课："听了同学们的汇报,我感到非常欣慰。看来大家都为保护环境提出了很好的建议,大家的环保意识都非常强。再过七八年,大家差不多都走上工作岗位了,希望大家记住这一节课,记住你们在这一节课的感受,以后在建设美丽的祖国的时候也要注意保护我们的环境,爱护我们的家园。"

案例(2):某化学教师在讲初中化学能源的开发和利用时,设计了这样的结束语:"同学们,钻木取火,告别了人类文明的蒙昧时代。从那一刻起,人类向自然索取能源就不曾停止。向森林索取、向煤矿索取、向油田索取……当人类蓦然发现,大自然可供索取的能源仅能以几十年计时,节约能源,成为全人类共同的迫切呼声。为了在未来某一天不会因无能可用,世界、中国、我们一起行动起来——创建节约型社会,我们别无选择。这是一个节点,一声宣言,更是一种姿态!"

案例(3):某物理教师在讲万有引力与航天时,采用如下激励性语言来结课:"探索宇宙奥秘,奔向广阔而遥远的太空,是人类共同的理想,人类总有一天会走出自己的摇篮。我国神舟系列载人航天飞船的成功发射,标志着中国人在征服宇宙的进程中又迈出了坚实的一步。我们要继承和发扬中华民族不屈不挠、艰苦奋斗的精神,努力将探索宇宙的理想一步步变为现实。期望同学们能在不久的将来,也能积极投身到宇宙探索这一具有光辉前景的事业中去。"

从上述案例可以看出,激励式结课的作用,不仅仅是对课堂教学知识的小结和概括，而且要在短短的几分钟里，使学生通过教师几句激励性话语，在牢记一堂课内容的同时，智慧得到启迪、情感得到升华、志趣得到培养、人格得到塑造、求知欲及探索欲得到激发等等。这正是结课艺术的精彩所在，因为这些极富激励性的语言，能升华学生为科学献身的情感，激励学生努力学习的意志，起到了"言已止而情未收"的永久效果。

五、延伸式结课

延伸式结课指在结课的时候，教师注意把课堂教学和学生的课外学习结合起来，将课堂上的内容和活动延伸到课外甚至校外，激发学生课外学习与探索的兴趣和行动。常言道，一堂好课，不应是学生学习的结束，而是把结束作为一种新的开始，即把结课作为引导学生联系课堂内外的桥梁，让他们把课堂上学到的知识在课外得到延伸、扩张、充实，培养学生学以致用的能力。例如：

案例（1）：在化学中学习二氧化碳的制法时，可以用布置"请你回家后运用厨房中的醋和蛋壳制二氧化碳气体"的家庭作业来结课，从而将课堂教学延伸到课外。学生在完成此作业的过程中，既复习巩固了二氧化碳的实验室制法，又增强了动手能力和废物利用的意识。

案例（2）：某物理教师在"平抛物体的运动"这节课的结尾，设计了这样一个练习："1999年5月轰动全国的壮举，山西一青年骑摩托车飞跃黄河,河宽约38.5米,启动阶段加速度平均值为3.2米/秒,跑道与河面落差约为18米,问跑道至少多长才能安全飞跃? 跑道设计有什么要求?"问题一出,学生纷纷抢答,趁学生兴趣浓厚之际,又提出一个问题:"你在日常生活中还能找出哪些与我们前面所学物理知识有关的事例? 课后列举出来并与同学交流。"

这样让学生积极寻找知识的应用,就把学生从课堂上激起的学习兴趣延伸到了课外,鼓励学生走出课堂,探索生活知识,从而培养学生学以致用的意识。

六、练习式结课

练习式结课是指针对学生理解概念、规律时易出现的问题,精心设计相应的典型练习题,在课堂结束时,用几分钟时间通过提问、板演、讨论或小测验等方式来实施,从而完善学生对概念、规律的理解、掌握和运用。这种形式的结课,适用于学生由于种种原因容易对某些概念、规律发生误解的情况。例如:

案例(1):某化学教师在电解质的电离的教学结尾,提出了这样一道练习题:判断CO_2是电解质还是非电解质。根据课本的定义,学生知道了"电解质是在水溶液里或熔融状态下能够导电的化合物",所以都会认为CO_2是电解质。当教师指出CO_2是非电解质而不是电解质时,学生会深感困惑,对课本定义心生怀疑,产生改变现有定义的动机,同时内心对各种原因产生强烈的探究欲望。此时,教师解释为什么CO_2在水溶液中能导电却不是电解质的原因，让学生深刻认识到电解质的本质是在水溶液里或熔融状态下本身能电离出自由移动离子的化合物，同时认识到本身是非电解质，但能与水反应生成电解质从而在水溶液中能导电的物质很多，如SO_2、NH_3等。

案例（2）：在物理中，关于摩擦力的教学，当通过实验得出$f=\mu N$后，学生一看公式很简单，就容易产生松懈情绪。若教师单纯地强调公式的重要性及各量的物理意义，则不易被学生很好地接受。此时需要将强调的内容巧妙地转化为富有思考性的问题，不妨通过斜面上物体的受力分析，区分重力和正压力，从而使学生加深对公式中N的理解。教师还可以将黑板擦按在黑板上，问学生："黑板擦重0.2N，手对它的垂直压力为5N，二者间的动摩擦因数为0.5，求黑板对黑板擦的摩擦力的大小。"由于学生对公式的适用范围认识不清，不少学生很快算出$f=2.5N$的错误答案。通过教师的引导、分析，督促学生在盲从中顿悟，加深对公式的消化和理解。

这样的结课方式：一方面能使学生比较全面、牢固地掌握本节课所学的主要知识；另一方面也可以使教师及时了解学生的学习情况，获取教学反馈信息，从而调控教学进程。另外，在课的结尾，布置一些具有较高思考性的习题，让学生思考练习，也能起到拓展课堂教学内容的作用，同时对课后作业也能起到铺垫和过渡作用。例如：

某物理教师在讲完"单摆"后，布置了这样一道题：如图7-3

所示, 应用今天所学知识, 把下列三个摆的周期写出来。

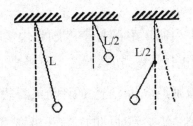

图 7–3

　　由于结课时间并不是很长, 所以有的学生可能在课堂上做不完这个题, 尤其写第三个摆的周期需要学生灵活应用所学知识, 有点难度。那么, 把这个题目留给学生课后讨论, 学生的学习兴趣也不会减, 而且有利于提高课后作业的正确率。当然, 在课堂结尾的练习题, 既要有思考性, 又不宜太复杂, 要让学生在"跳一跳, 能摘到桃子"的喜悦中, 积极探索知识的奥妙, 达到举一反三的效果。

七、交流式结课

　　交流式结课是指在课的结尾, 教师引导学生把本堂课所学到的知识在全班进行交流汇报。这种结课方式, 为学生提供了自我表现的机会, 有利于培养学生的逻辑思维能力和语言表达能力, 还能增进师生之间的相互沟通和情感交流。例如, 化学中的"合理选择饮食"、"正确使用药物"等促进学生身心健康的教学内容, 都可以采用交流心得的小结形式, 在达成"情感、态度与价值观"目标的同时,培养学生的归纳总结能力和语言表达能力。

教师在使用交流式结课时,要鼓励学生畅所欲言,相互发现错误并加以纠正和补充,切忌在每一个学生汇报后就插入教师的评价。如果教师经常插入自己的评价或看法,就会打乱其他想发言学生的思维,影响到他们的发言积极性,更会打消本身不爱表现的学生的参与热情。总之,在进行交流式结课时,教师只纠正学生发现不了的错误,只补充学生概括不准的结论。

第三节　师范生常见的结课问题及诊断

一、不设计结课

多数师范生只关注课堂导入,却不关注课堂结尾,经常不对课堂结尾进行设计。只要讲完了内容,就让学生做练习题,直到下课。其实,课堂结尾在课堂教学过程中是必不可少的一个十分重要的环节,对课堂教学目标的实现、新知识的掌握和巩固、学生归纳概括能力的培养、学习智力和潜力的开发等方面起着画龙点睛、承上启下和继往开来的作用。所以,师范生首先要认识到结课的功能和作用,了解课堂结尾的意义,然后,掌握课堂结尾艺术的妙诀,从而在课堂教学中艺术性地发挥结课的功能,为课堂教学收到事半功倍的效果。

二、没时间结课

因为要讲的内容太多，致使下课铃声响了也没讲完，没时间结课，也就放弃了结课，戛然而止，不管讲到哪儿，都马上停止。这种现象不仅存在于师范生的课堂教学中，在中学的实际教学中更常见。一堂课中，学生获取了不少新知识和新技能，如果在课堂终结时，没有教师艺术性的结尾，就等于没有把一个完整的知识交给学生，新知识就不会在学生的头脑里留下深刻的印象；没有教师艺术性的结尾，就不利于及时反馈教与学的效果，不能为后续的课堂教学提供有益的备课素材。

课堂结尾对教学效果具有十分重要的决定性作用。它通过对一堂课的教学内容进行梳理和概括，把一个完整的知识交给学生，就能使新知识牢固地注入学生的认知结构中，让学生顺利地掌握新知识；它通过规律的揭示、线索的引导、主题的提炼，从而拓展学生思维，诱发学生继续学习的积极性，促进学生的思维活动进入探索创新阶段，达到培养学生创新能力的目的。所以，不管是有经验的教师，还是新手教师，都要重视结课艺术。

参考文献

[1]李冲锋. 中小学课堂教学的30个失误. 北京: 中国轻工业出版社, 2013.

[2]魏书生. 教学工作漫谈. 修订本. 北京: 文化艺术出版社, 2011.

[3]陈琦, 刘儒德. 教育心理学. 第2版. 北京: 高等教育出版社, 2011.

[4]林华民. 新课程下我们怎样当老师. 修订本.北京: 朝华出版社, 2010.

[5](德)迈尔. 冯晓春, 金立成译.课堂教学方法·实践篇. 上海: 华东师范大学出版社, 2010.

[6](德)迈尔. 尤岚岚, 徐茜译.课堂教学方法·理论篇. 上海: 华东师范大学出版社, 2010.

[7](美)肯尼斯·莫尔.刘静译.课堂教学技巧. 北京: 人民教育出版社, 2009.

[8](英)黑恩(Herne,S.), (英)杰塞尔(Jessel,J.), (英)格里菲思(Griffiths,J.)著.丰继平译.学会教学: 教师专业发展引导. 上海: 华东师范大学出版社, 2009.

[9]陈达道, 李钺, 刘先捍. 教师如何上好课——课堂教学问题诊断与解决. 天津: 天津教育出版社, 2009.

[10] (英)贾斯廷·狄龙, (英)梅格·马圭尔. 郄海霞, 王天晓, 陈超译.如何成为一名出色的教师.北京: 人民教育出版社, 2009.

[11]李如密. 中学课堂教学艺术.北京: 高等教育出版社, 2009.

[12]王喜贵, 李玉珍. 化学教学论. 西安: 陕西师范大学出版社, 2008.

[13]Jerome S. Bruner. 姚梅林, 郭安译.教学论.北京: 中国轻工业出版社, 2008.

[14]严先元. 教师如何备好课.天津: 天津教育出版社, 2008.

[15]赖新元. 教师课堂教学的十大技能.长春: 吉林大学出版社, 2007.

[16]王克勤. 化学教学论. 北京: 科学出版社, 2006.

[17]黄甫全. 现代课程与教学论学程. 下册.北京: 人民教育出版社, 2006.

[18](美)阿兰兹. 丛立新等译.学会教学. 第6版.上海: 华东师范大学出版社, 2005.

[19]许高厚, 施铮. 课堂教学技艺. 北京: 北京师范大学出版社, 2004.

［20］黄兆明, 游世成. 课堂结尾艺术. 北京: 中国林业出版社, 2003.

［21］刘显国. 板书艺术. 北京: 中国林业出版社, 1999.

附　录

附录1　氢键及其对物质性质影响的课堂教学实录[1]

【教师】都说水是生命之源，今天我们就来研究水对于生命的意义。我们的研究将从这滴小水滴开始。

【教师播放动画】

小水滴：好漂亮的花和草啊！

小土壤：是我肥沃的身躯养育了它们！

小石头：别得意，我和小水滴也是功不可没的。寒冷的冬天，我们会因体内的水结冰膨胀而自身发生胀裂，再经过长年的风化侵蚀，成为今天松软肥沃的你！

小水滴：哇，我也是大功臣啦！

小水滴问小鱼儿：你怎么啦？

小鱼儿：眼看冬天就要到了，水结冰会把我冻死吗？我还没有经历过冬天呢，好害怕呀……

---

[1] 本案例选自第四届东芝杯·中国师范大学理科师范生教学技能创新大赛化学学科·一等奖。

小水滴：别担心，水结冰会让你更安全的。

【教师】水结冰，真的会让小鱼更安全吗？答案马上揭晓。这是一个电子温度计，我们将探头探入水面，来探测现在小鱼生存的环境，大家看看现在的水温是多少？

【学生】16.35℃

【教师】好，接下来我就要将零下196摄氏度的液氮浇在鱼缸中模拟冬天的来临。大家仔细观察小鱼、液面以及水下温度的变化。

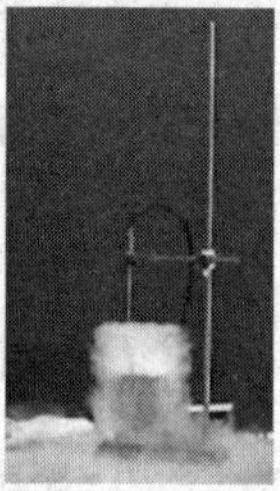

【教师进行演示实验】如附图1所示。

【教师】怎么样，小鱼还活着吗？

【学生】活着。

【教师】活着，水下温度有没有发生骤变？看看。

附图1

【学生】没有。

【教师】好，请这位同学上来用玻璃棒探入水中，有什么感觉？

【学生】结冰了。

【教师】结冰了，冰浮在水面上还是在水底？

【学生】在水面上。

【教师】好，请坐。冰浮在水面上，而水下温度没有发生骤变，这都为小鱼安全过冬提供了必要的条件。冰，之所以漂浮在水面上，是由于冰的密度比水小，也就是说，同样质量的水结冰体积会增大。也正是这个原因，在岩石形成土壤的过程中起到了至关重要的作用。由此我们都可以看到，水遇冷结冰体积膨胀。而我们知道一般物质往往是热胀冷缩，那究竟是什么原因造成了水结冰的冷胀现象呢？这，就是我们本节课所要研究的问题。

物质的宏观性质往往与其微观结构有关，液态水具有流动性，其分子堆积方式是不规则的。而冰是一种晶体，其分子堆积方式是规则的。正是由于分子堆积方式不同，导致体积不同。那么，影响分子堆积方式的本质原因是我们上节课学习的分子间……

【学生】作用力。

【教师】对，包括分子间作用力的数目或强弱。由此我们就提出假设，分子间作用力的数目或强弱影响了水分子的堆积方式，进而影响体积的大小。那这种分子间作用力仅仅是范德华力吗？我们让数据来说话。

零摄氏度时，1摩尔冰由固态升华为气态，为克服其分子间作用力，需要吸收51千焦的能量。而其中的范德华力仅为11千焦，这个差值说明了什么？

【学生】分子间除了范德华力存在，还存在一种稍强的分子间作用力。

【教师】对，很好。说明冰中的水分子间除了有范德华力存在，还存在着另外一种稍强的分子间作用力。今天，我们就来探究,水分子中这种稍强的分子间作用力的形成方式。

科学家往往用模型来模拟物质的微观结构,并从分子自身特点出发进而研究其性质。那我们今天的研究,也就从水分子的这些特点出发,大家试着来推断一下,这种分子间作用力的形成方式并试着建立一个水分子与周围水分子相互作用形成的空间结构模型。

具体的活动要求已经呈现在学案上了。大家五人为一小组,每个小组有水分子模型以及代表这种作用力的小棒若干。接下来,大家就利用这个模型先讨论再建模,将活动过程展示在摄像头前,好,开始。

【学生探究】如附图2、附图3所示。

附图2   附图3

【教师提示】大家在活动的过程中可以从屏幕上看看其他小组的活动情况,看对你们有没有什么新的启发。

【教师】好了,活动结束,大家将模型都放在摄像头前,我们一起来看看大屏幕。大家看看,你们搭建出了几种结构?

【学生】两种。

【教师】两种,这两个小组是四面体,而这个小组是折线形。好,那我们先请这个小组,搭建起四面体的,来,派一个代表来说说你们的思路,哪位同学?好,来,这位同学。

【学生】我们小组觉得,这种作用力是一种静电作用,因为水分子当中,有极性共价键,使得氧带负电荷,氢带正电荷,所以,当水分子相互靠近的时候,就会产生静电作用,又由于水分子它是sp3杂化的,一个水分子可以和四个水分子产生静电作用。

【教师】非常好,其他同学听明白了吧。看那个小组的也是四面体,跟他们的思路一样吗?

【学生】一样。

【教师】来,再看看折线形的那个小组,来再说说你们的思路吧?

【学生】我们……

【教师】那你们水分子之间是一种什么相互作用?

【学生】静电作用。

【教师】哦,静电作用。就是跟大家的思路都是一样的,只不过另外这两个小组考虑的会更全面一些。好,那我们一起来总结一下。水分子中,氧、氢原子电负性差异很大,就使得氧、氢之间的共用电子对强烈地偏向氧,最终导致氧显示负电。而氢呢，正电。那，当这个水分子中的氢原子与另一个水分子中带负电的氧原子，它们之间就会形成大家所说的那种静电作用，我们用这个虚线来表示。我们又知道，一个水分子中的氧原子周围有两对孤对电子和两个带正电的氢，那一个水分子周围，最多可以与四个水分子形成静电作用。那说明这种静电作用有什么特点？

【学生】饱和性。

【教师】对，说明它具有饱和性。除此之外，大家再看看你们的模型，你们建立的这种静电作用，与共价键的成键方向相同吗？

【学生】相同。

【教师】说明它具有什么性质？

【学生】方向性。

【教师】方向性，对，很好。从刚才的实验数据我们还看到，这种静电作用的大小往往只有几十千焦。而化学键往往有几百甚至上千千焦，那这种静电作用与化学键相同吗？

【学生】不同。

【教师】对，它还有一个性质是非化学键。所以我们就可以给这种静电作用起一个名字，叫做氢键。其实氢键不仅仅只在水分子中存在，对于其他电负性很大，半径较小的原子，它也会有。比如说还有什么？

【学生】氮、氟

【教师】氮、氟，对，所以在氨分子和氟化氢分子它们之间也会形成氢键。那我们就可以用A、B来表示这种电负性很强，半径较小的原子。PPT和教科书上都已经呈现了氢键的定义，大家可以看一下。好，接下来，我们就利用氢键的方向性和饱和性来进一步构建冰的局部空间结构。为了方便大家建模，我用一个黑色的小球来代替水分子。那么，接下来，大家就在这个模型的基础上进一步空间延伸，来构建冰的局部空间结构。方法与第一步相同。好，开始。

【学生探究】如附图4、附图5所示。

附图4　　　　　　　　　　　　　　附图5

【教师提示】大家在建立的时候，看看你们所建立的模型能不能试着成环。因为我们搭建的是冰的局部空间结构，所以只要让它局部满足方向性和饱和性就可以了。

【教师】好了，活动结束，大家将模型放在摄像头前。我们来看看，放在摄像头前，对准摄像头。看来大家所建立的模型都搭建起了冰的局部模型结构。那你们在建立的时候有没有满足氢键的方向性和饱和性。可以用手指一指。

【学生】满足。

【教师】满足了。我发现大家所建的结构中，好象既有六圆环又有五圆环，是不是？那到底哪种是正确的呢？我们等一下再来揭晓。现在，我先将大家所建的六圆环模型还原，就得到了这样的结构。那这个结构能不能解释水结冰体积增大的事实？我们一起来分析一下。

温度升高，冰融化为水，其中有两个作用，其一是极少部分的氢键发生断裂，其二是分子热运动加剧。在零到四摄氏度时，第一种作用，也就是极少部分氢键断裂占主导地位。这只是冰的空间结构减体，像这样，显然体积减小了。这就是很好地解释了水结冰体积增大的事实。那么大家再看看液态水中有没有氢键的存在？

【学生】有。

【教师】还有着大量的氢键存在。正是由于液态水中氢键的存在，使水的沸点反常得高，我们看到如果没有氢键，按照氧族元素氢化物沸点的递变规律，水的沸点大约是零下70摄氏度以下。那么大家想象，如果没有氢键，我们的地球上还会有液态水吗？

【学生】没有。

【教师】其实也正是由于氢键的存在，使水的比热容很大，所以，在课前的实验当中浇液氮前后，水下温度没有发生骤变，这就为水生生物提供了相对稳定的生存环境。由此我们都可以看到，氢键对于生命的意义是十分重大的。对于刚才的五圆环和六圆环结构，到底哪个是正确的呢？我们还需要更多的事实来佐证。

俗话说，草木之花多五出，独雪花多六出。其实雪花多以六角形结构，就与冰中多以六圆环结构存在有关。那冰中多以六圆环结构，说明它还有其他的环状结构。那到底有没有五圆环结构呢？这个问题留给大家课下去查阅资料。

以上我们是从宏观事实来进行推断，除此之外，我们还可以利用仪器来进行观测。科学家用隧道扫描显微镜，直接去观测冰的微观结构，发现冰中确实会有六圆环存在。至此，我们的研究就到这里画上了句话。

今天我们就是沿着这样的思路，很好地解释了水结冰体积增大的事实，并在这个过程中，发现了一种新的分子间作用力——氢键。

附录2　铁盐与亚铁盐课堂教学实录 [2]

【教师】首先呢, 我想问同学们一个问题:"春节晚会上, 谁的魔术给你们留下的印象最深呢?"

【学生】刘谦。

【教师】其实啊, 魔术并不像刘谦表演的那么神秘, 老师也会变魔术。今天, 老师就给大家来变一个化学魔术——茶水, 变变变!

这是一杯普通的茶水, 我将它倒入一个酒杯中, 用一根玻璃棒搅拌一下, 茶水变黑了。接着, 我将它倒入第二个酒杯中, 请仔细观察。黑色退去了。最后 , 我将它倒入第三个酒杯中, 茶水又变黑了。这是怎么回事? 是什么原因使得茶水的颜色发生了变化了呢? 希望同学们可以通过今天这节课的学习, 自己来揭秘这个魔术。首先, 我们来看一段资料:

2011年5月7日的一个中午, 北京市昌平区卫生监督所接到一位群众举报, 反映在用餐时, 不小心把盛有酸辣汤的汤勺掉到茶杯里, 茶水迅速变黑。

---

[2] 本案例选自第四届东芝杯·中国师范大学理科师范生教学技能创新大赛化学学科·二等奖。

我们来回想一下, 这是不是与我们魔术中玻璃棒搅拌茶水变黑的场景非常的相像呢? 我们接着往下看。

经专家检验发现, 该餐馆的酸辣汤中含有过量的三价铁离子, 并指出茶水中的一种酚类物质会与三价铁离子生成一种黑色物质。

好的同学们, 那么, 请你们结合这则资料, 大胆地来推测一下, 魔术中玻璃棒上的试剂可能含有什么离子?

【学生】三价铁离子。

【教师】三价铁离子, 你们的化学嗅觉太灵敏了。那么, 如果你们是专家, 会如何检验溶液中的三价铁离子呢? 接下来, 我们就来找一找三价铁离子的检验方法。首先, 请同学们拿出我们的自制点滴板。然后, 将氯化铁溶液滴入自制点滴板的四个凹穴中, 各一至两滴。

接着请同学们将大屏幕上所提供的这四种试剂分别加入到氯化铁溶液中, 观察现象并找出能够检验三价铁离子的试剂。实验现象请记录在学案相应的表格中。

【学生探究】(略)

【教师】好的, 同学们找到了, 我请一位同学来说一说, 你找到了什么方法。来, 有请这位同学。

【学生】是这样的, 我们所做的这个实验, 其中这个格子里面加入的是氢氧化钠, 这个里面加的是硫氰化钾。通过实验过程发现, 加入氢氧化钠小格里面有沉淀, 是红色的。而加入硫氰化钾的那格里面变成了水红色。所以我们认为这两种可以作为三价铁离子的检验。

【教师】氢氧化钠还有硫氰化钾溶液。非常好，探究能力非常强。所以呢，我们就找到了两种方法。今后呢，同学们就可以用这两种方法来检验溶液中的三价铁离子，并请同学们记住它们的离子反应方程式。

我们再回到魔术中，三价的铁离子使得茶水变成了黑色，而倒入第二个酒杯中，黑色退去。说明三价的铁离子转化为了其他的价态。那么同学们，请你们根据已有的知识来分析三价的铁离子可能转化为什么价态呢？什么价态？二价的铁离子。那么此时，问题就来了，三价的铁离子如何转化为二价的铁离子呢？想探究这个问题，最好的方法仍然是通过实验探究。这一次，我们用医院中废弃的玻璃药瓶来做实验。请同学们拿出。好的，首先我们加入氯化铁溶液一滴管，接下来请同学们加入硫氰化钾溶液一至两滴，最后，请同学们结合大屏幕上所提供的这些试剂，依据氧化还原理论试着来探究出能够使三价铁离子转化为二价铁离子的试剂。现在请开始。

【学生探究】（略）

【教师】好的，同学们都完成了实验，我请一位同学来说一说，你找到了哪些试剂。来，有请这位专心写学案的女生。

【学生】我们组用的是VC还有铁粉。这两种物质来比较的话，VC比铁粉的反应是更为明显更为迅速的，然后它们共同的实验现象就是血红色很快退去了，结论就是它们两者都可以使三价铁变成了二价铁。

【教师】VC和铁粉，好的，说得很棒。所以呢，我们就可以得出结论了。三价的铁离子转化为二价的铁离子需要加入一种强的还原剂。今天我们用到的还原剂是铁粉和VC，以后呢，我们还会学到更多其他的还原剂。

我们再回到魔术中，三价铁离子转化为二价铁离子，茶水由黑色变为了无色。那么茶水由无色又变回了黑色，则很有可能说明又发生了什么转化呢？

【学生】氧化反应。

【教师】很好。那么接下来呢，我们就再来做一个实验——变色书法，来探究一下二价铁离子转化为三价铁离子的条件。请看，这是氯化亚铁与硫氰化钾的混合溶液。老师用毛笔蘸取并在宣纸上写几个字。我们可以看到，字没有颜色。接下来呢，我请一位同学将喷壶中的双氧水溶液喷在字上，谁愿意来喷一下？来，这位女同学。

【学生参与】如附图6所示。

附图6

【教师】好的,谢谢你,请回。我们可以看到字有颜色了,是创新。这是怎么回事呢? 我请一位同学来解释一下。来, 有请这位同学。

【学生】双氧水将亚铁氧化, 变成了三价铁离子。所以, 显红色。

【教师】非常好, 请坐。那么通过变色书法这个实验, 我们也就可以得出结论了: 二价的铁离子转化为三价的铁离子需要加入一种强的什么?

【学生】氧化剂。

【教师】氧化剂。今天我们用到的强化剂是双氧水溶液, 以后呢, 我们还会学到更多其他的强氧化剂。其实啊, 我们所学的这些知识, 在生活中也经常用到。请看一段视频。

【播放视频】

病人: 医生, 这是我的化验单, 麻烦您看一下。

医生: 你患的是缺铁性贫血, 我给你开一盒硫酸亚铁片, 另外呢, 再配上一盒VC。你按照说明先服用一个月, 下个月再过来复查。

【教师】大家有没有注意到, 医生在开硫酸亚铁片的时候, 同时还配上了维生素C, 这是怎么回事呢? 我请一位同学来回答一下。谁愿意。来, 有请这位同学。

【学生】能够更好地吸收二价铁。

【教师】也就是防止二价的铁转化为其他的物质, 他说的对吗?

【学生】对。

【教师】来, 掌声鼓励一下。好的, 通过今天的探究, 我们得到了三价铁离子的两种检验方法。两种试剂分别是氢氧化钠和硫氰化钾溶液。接着, 我们又探究出了三价铁离子转化为二价铁离子, 需要加入一种强的还原剂。二价铁离子转化为三价铁离子需要加入一种强的氧化剂。好的, 那么现在同学们是否可以自己揭秘这个魔术了呢? 我想, 应该没有问题了。具备了今天所学的这些知识, 我们不仅能够揭开魔术的神秘面纱, 同时呢, 我们也学会了去解释生活中的一些问题。最后, 希望同学们通过今天这节课更加了解化学, 喜欢化学, 用化学的知识去解读生活的奥秘。

附录3　氨的绿色一体化实验设计课堂教学实录 [3]

【教师】提到绿色,你会想到什么呢?

【学生】树、春天。

【教师】还有吗?

【学生】绿色食品。

【教师】绿色总能带给我们一种洁净、生态、自然的享受。那绿色在化学中如何来体现呢?

【学生】没有污染、环保。

【教师】没有污染、环保、节能、高效、可持续发展。这些原则是我们化学工业所要秉承的理念。在化学实验中呢,我们也希望达到这样的目标。上节课,我们学习了氨的实验室制法,下面,让我们从绿色一体化的角度回顾这个实验。这个实验,有什么优点呢? 它可以快速简单地获取氨,有可以改进的地方吗? 观察反应的方程式,反应有水生成,这会对实验造成怎样的影响?

---

[3]本案例选自第四届东芝杯·中国师范大学理科师范生教学技能创新大赛化学学科·二等奖。

【学生】影响氨的收集。

【教师】影响氨的收集,氨不干燥。利用氯化铵和氢氧化钙获取氨,需要酒精灯来加热,如果有不加热的方法就更加的节能和环保。大家观察氨的收集装置,看到了什么? 由于它是一个开放的体系,会发生部分氨的泄漏。老师们在准备喷泉实验的过程中,通常选择加热浓氨水的方法来获取氨,这种方法有什么优点?

【学生】简单。

【教师】简单,反应的原理简单,装置也简单。有没有体现绿色一体化呢?

【PPT展示加热浓氨水获取氨的装置】

【教师】有尾气的泄漏。观察所反应的方程式。这种方法获取的氨中,依然会有水蒸气,那如何来除去氨中的水呢?

【学生】干燥。

【教师】干燥,哪些干燥剂能用来干燥氨?

【学生】碱石灰。

【教师】碱石灰,还有什么? 碱石灰也就是氧化钙和氢氧化钠的混合物。好,氧化钙可以除去氨中的水,同时与水反应生成氢氧化钙。它是放热还是吸热过程呢?

【学生】放热。

【教师】那如果把氧化钙作为获取氨的反应物能否实现不加热获取干燥的氨呢?

【学生】可以。

【教师】可以，我们一会儿就来试一试。图中的装置就是利用氧化钙和浓氨水来获取干燥的氨，有没有实现绿色一体化？有尾气的泄漏，那么如何来避免这种问题呢？

【学生】增加尾气的吸收装置。

【教师】增加尾气的吸收装置。好，这样呢我们就可以达到不加热不泄漏获取干燥的氨的目的。下面呢，就请大家来探究这样一个实验，既包括氨的获取，同时要有尾气的吸收，最好还能检验氨的性质。

将氨的获取、性质检验和尾气吸收在一套装置中来完成，以此实现装置的一体化。大家可以先观察老师提供的仪器模型。想一想，哪些装置适合氨的获取，哪些可以用来性质检验，哪些适合于尾气吸收。一会儿呢可以选择最佳的实验方案来设计你们的实验。也就是将什么呢，氨的获取、性质检验和尾气吸收的知识融为一体。好，现在开始探究。

【学生探究】（略）

【教师提示】想一想，第一步应该干什么？氨的获取。固体药品装哪里，浓氨水怎么装？好，开始，上面有标签，可以看，可以参考我们的学案。

【教师】好，这个小组非常快，他们已经设计好了，那么请一个代表，来跟我们分享一下你们的设计方案。好，这位同学，到前面来，给我们简单介绍一下你们的设计方案。

【学生】如附图7所示,这个里面装有浓氨水,这个里面是氧化钙,这个用来引发喷泉,下面的烧杯中装水,这边用于收集泄露的尾气。

【教师】哎,非常好。请回。这个小组设计的实验方案就非常好,有氨的获取、性质检验和尾气的吸收,实现了装置的一体化。

附图7

刚才这个同学说,烧杯中装水,装什么试剂能够更好地检验氨的性质呢? 是不是要滴加什么?

【学生】酚酞

【教师】酚酞。酚酞就更好。好,我们来看这套方案。一起来数一下,这个圆顶烧瓶塞上的导气管数量,一个、两个、三个、四个,导气管数量越多,橡胶塞的密封性就越难以保证。胶头滴管能否用其他的装置来替代呢? 想一想。好,这有一个洗瓶,洗瓶有什么特点? 是不是很软,可以挤压。换用洗瓶能不能引发喷泉?

【学生】能。

【教师】怎么引发?

【学生】挤压。

【教师】那这样就可以少了一个导管。好,最后一个试剂瓶装什么试剂?

【学生】水。

【教师】水，那这是利用到了氨的哪一个性质？

【学生】易溶于水。

【教师】易溶于水。另一组同学，你们的方案怎么样呢？有什么不同？

【学生】如附图8所示。

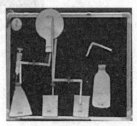

附图8

【教师】我们来看一下。他们在后面用到的是烧杯，大家觉得烧杯和洗气瓶哪一个更好一些？

【学生】洗气瓶。

【教师】洗气瓶的这个液体会更多，气体的吸收效果可能会更好。大家设计的方法非常巧妙。好，再检查一下，还有氨的哪一个性质没有检验呢？

【学生】与氯化氢反应。

【教师】与氯化氢生成白烟，能否利用现有的装置来检验这个性质呢？想一想，除了圆顶烧瓶外，哪一个装置中还有氨？

【学生】洗气瓶。

【教师】洗气瓶中会有氨吗? 都溶解了是不是?

【学生】锥形瓶中。

【教师】哎, 反应结束后, 锥形瓶中还会有残余的氨。我们用另一只注射器向其中注射浓盐酸就应该会看到白烟, 如果这样的话, 还是对残余氨的一个绿色化处理。大家的设计方案非常巧妙, 那么我们就来实际验证一下。

【教师演示】如附图9所示。

附图9

【教师】如果实验成功, 老师还会送给大家一份惊喜。好, 我们开始实验。装置的气密性已经检查好了, 我们打开止水夹 K_1、K_2, 关闭 K_3。通过注射器向其中注入浓氨水, 仔细观察实验现象。有气泡产生, 此时的气体是什么? 是氨气吗?

【学生】不是。

【教师】空气。注意观察气泡体积, 一段时间以后, 是否会发生变化? 前面的同学, 仔细观察。想一想, 洗气瓶除了尾气吸收以外, 还有没有其他的作用? 前面的同学, 气泡的体积有没有变化?

【学生】变小了。

【教师】变小了, 气泡的体积为什么会减小呢? 试着从气体的组成和溶解度来分析。现在的气体中, 氨的比例在升高。好, 那我们能否通过均匀的小气泡来判断氨气已经收集满了呢?

【学生】可以。

【教师】可以, 好, 现在我们就来检验氨的性质。打开活塞。老师在烧瓶中加入了两个电池, 当烧瓶中出水以后, 电路接通, 让我们欣赏到了美丽的音乐喷泉, 如附图10所示。

附图10

【教师】好, 一起来感受我们化学的艺术美、动感美与和谐之美。在欣赏化学美的同时, 大家千万不要忘记, 如何将知识应用于生活。请同学们课后思考, 能否设计一个氨泄漏的简易报警装置。

附录4　牛顿第三定律课堂教学实录[4]

【教师】各位同学大家好,我们都知道汽车在出厂前需要进行碰撞测试,以检测汽车的安全性能。那么,汽车在碰到障碍物之后会发生什么现象呢? 老师在优酷上下一个视频,如附图11所示,我们一起来看一看。

附图 11

【教师】好,视频结束了,汽车碰击障碍物之后发生了什么现象?

【学生】汽车被撞坏了。

---

[4] 本案例选自第四届东芝杯·中国师范大学理科师范生教学技能创新大赛物理学科·三等奖。

【教师】汽车被撞坏了，障碍物坏没坏？

【学生】障碍物也被撞坏了。

【教师】障碍物也被撞坏了。那这些现象如果从力的角度看，是不是说明当汽车对障碍物施加力的同时也受到了障碍物的作用力呢？通过前面的学习我们已经知道，力是物体对物体的作用。即力不能脱离受力物体和施力物体而独立存在，当施力物体对受力物体施加力的同时，也会受到受力物体的作用力。这样的现象在生活当中很多，我们一起来看一下。

手按图钉，施力物体是手，受力物体是图钉。当手对图钉施加力的同时是否也会受到图钉的作用力呢？

大家都点头啊，因为我们会看见手变形，如果劲再大一点的话甚至会感到疼痛。

手提重物，施力物体是手，受力物体是重物。当手对重物施加向上的拉力时也受到了重物对它施加的向下的作用力。因此，我们会感到费劲，那么划船又为什么能使船前行呢？来，这位同学说一下。

【学生】我们通过桨向后推水，然后水会通过桨反过来推人，因此船能前行。

【教师】哦，我复述一下这位同学刚才说的，因为我们通过桨向后推水，水就通过桨反过来推人，因此船能前行。当然我们还可以通过一些活动来感受物体间的相互作用，现在就请同学们抬起你们的双脚，双手用力向前推桌子，感受如何？身体向后仰。下面同学还可以手心对着手心相互推一推,感受感受。别不好意思,没事。

好,大量的事实就说明,两个物体之间的作用总是相互的。一个物体A对另一个物体B施加了力,一定同时也受到B对它的作用力。物体之间相互作用的这一对力,通常我们把它叫做作用力和反作用力。今天呢,我们就来研究揭示作用力和反作用力关系的牛顿第三定律。

我们先通过一些实验来进一步认识作用力和反作用力,再来研究它们之间的关系。将两个带轮的小车放在水平面上,小车上各站一名同学,他们分别抓住绳子的一端。现在我让其中一名同学被动地被另一位同学拉,大家一定要注意观察在拉的过程当中,两个同学的运动情况是怎样的?

【教师】大家看见了什么,拉的过程当中两位同学同时向中间移动。很好,那为什么被拉的同学动了,主动拉的同学也动了呢? 来,请这位同学帮我们回答一下。

【学生】因为当拉者给被拉者一个力的时候,同时被拉的也给拉的一个力。

【教师】很好,很清楚,请坐。刚才这位同学已经帮我们分析了,当被拉的同学受到力的同时也给主动拉的同学施加了力。那我们再进一步思考一下,如果从力的性质来看,他们两者之间的力属于? 我们之前学过哪些? 弹力、摩擦力、重力。那他们之间的力属于?

【学生】弹力。

【教师】弹力，很好。好，下面我们再来看第二个实验，老师已经在桌面上放了一个平板。现在呢，在平板上再放一个遥控小汽车，它既能向前行驶，也能向后运动。现在我用遥控器控制小车向前运动，如附图12所示。来这位同学来帮我一下，你负责它的安全，一会别让它摔下去了。好，大家注意观察，在小车前行的过程当中发生了什么现象？注意，一、二、三！

附图12

【教师】看见了什么？

【学生】车往前运动，板子往后运动。

【教师】车往前，板子往后。哎！奇怪了，为什么板子会往后运动呢？谁来解释一下。来，后排这位女生。

【学生】板子给车一个力的同时车也给板子一个力。

【教师】板子给车一个力的同时车也给板子一个力，很好，请坐。好，刚才这位同学给我们说到了，当平板给小车施加力的同时也受到了小车的作用力。那从力的性质来看,它们之间的力是属于什么性质的力呢?

【学生】摩擦力。

【教师】摩擦力,很好。接下来,老师再给大家变一个魔术。在我的手里面有A、B两个小车,现在我让它们保持一定的距离,如附图13所示。大家可以大胆地猜想一下,如果我松开手之后会发生什么现象呢?如图14所示。你们数三、二、一我松手。

附图 13

附图 14

【学生】三、二、一

【教师】怎么样,再来一次。

【学生】三、二、一

【教师】两个小车向相反方向运动,这是为什么呢?它们接触了吗?

【学生】没有接触。

【教师】没有接触,为什么没有接触还能都向相反方向运动呢?老师再给大家演示另一种情况你们就知道了。现在我用A车的车头对着B车的车尾,再让它们保持一定的距离,如附图15所示。大家注意观察,当我再次松开手之后又会发生什么现象,如附图16所示。

附图15

附图16

【教师】有人猜到了吗?

【学生】有磁铁。

【教师】哦，这下大家都猜到了，确实是，老师在这两个车里面放了磁铁。那么在初中的时候我们已经学过了，同名磁极相互排斥，异名磁极相互吸引。从刚才A、B两车的运动情况来看，当A车对B车施加力的同时也受到了B对A的作用，并且方向相反。当然，A、B两车的作用其实是通过两个磁铁来作用的。那么磁极之间的作用从力的性质来看又属于什么性质的力呢？

【学生】磁力。

【教师】磁力，很好。看来这位同学他已经超前了啊。别的同学可能还不清楚，老师给大家解释一下。我们在初中已经学过了弹力、摩擦力、重力，但是没有碰见过磁力。那么磁极之间的力呢，我们把它叫做磁力。好啦，实验就做到这儿啦。现在我们一起来回顾一下刚才的三个实验。同学们可以相互讨论一下，看你们能从这些实验中总结出作用力和反作用力的哪些特点。谁来说一下？来，这位戴眼镜的男生，看你跃跃欲试。

【学生1】首先我感觉它们的力的方向都在一条直线上，然后，它们是同时产生的，同时消失的……

【教师】观察得很仔细。可以，先坐下考虑一下。他已经说了两条了。他说他观察到它们之间的作用力作用在一条方向上，并且同时产生同时消失。还有补充的吗？来这位男生。

【学生2】我觉得作用力和反作用力的方向应该是相反的。

【教师】哦，方向相反。因为从刚才的三个实验我们都看见他们的运动方向是相反的。很好,请坐。还有别的吗?

【学生3】作用力和反作用力它们的力的性质是一样的。

【教师】哦,力的性质是一样的。好,同学们总结的十分完善。我们一起来看一下。首先,物体间力的作用肯定是相互的,这个刚才已经有很多体会了,包括这三个实验。其次,作用力和反作用力方向相反且作用在一条直线上。第三,作用力和反作用力是性质相同的力。第四,作用力和反作用力同时产生同时消失。关于最后一点,在接下来的探究过程当中大家还会有更多的体会。那么我们通过这些实验已经对作用力和反作用力有了很深刻的了解了,可是作用力和反作用力的大小关系是怎样的呢?这也就是牛顿第三定律所要阐述的重要内容之一。可是,这同时也是一个定量的问题,只靠日常的观察和经验能行吗?不行。得通过定量的测试,那么既然要测力的大小的话,我们常用的实验仪器是什么?

【学生】弹簧测力计。

【教师】弹簧测力计,很好。在老师手里面呢,有A、B两个弹簧测力计。在使用弹簧测力计之前我们首先要调零。这个老师事先已经调过了,那么在拉的过程当中,力要沿轴的方向拉,双手尽量平稳。好,下面就请同学们以小组为单位,利用我给大家提供的弹簧测力计根据课本上的内容来验证一下作用力、反作用力大小是否相等?

附录5 楞次定律课堂教学实录[5]

【教师】同学们，在今天上课之前，老师先给大家表演一个小魔术。在水面上漂浮着一艘小船，老师啊，在小船当中设置了一个小机关，使得小船能够听从老师的指挥，随着魔法棒的移动而移动，你们相不相信？有些同学不相信，信与不信一看究竟。我们先把小船置于水面的中央使它静止，实验开始了，如附图17所示。大家注意观察老师的操作。

附图17

小船走、走、走、停，来、来、来、停。哎，很神奇吧！其实各位同学也可以的，老师给每位同学都准备了一艘神秘的小船和

---

[5] 本案例选自第四届东芝杯·中国师范大学理科师范生教学技能创新大赛物理学科·三等奖。

一只魔法棒,大家可以试着用自己手中的魔法棒指挥指挥小船看看。

【学生动手实验】如附图18所示。

附图 18

【教师】已经有同学能够轻松地驾驭小船了,但是现在一个问题出来了,这个小船为什么能够这么听话呢? 刚才说小船里面有一个机关,那么这个机关是什么呢? 是磁铁? 铁片? 或者……学习了今天这节课的内容大家就会明白其中的奥秘。

【教师板书】4.3 楞次定律

【教师】通过上节课的实验我们已经明白了,在闭合电路当中,只要磁通量发生了改变便会产生感应电流,那这个感应电流的方向如何呢? 我们怎么判断呢? 为此,老师自己设置了一个实验仪器,如附图19所示,请看。

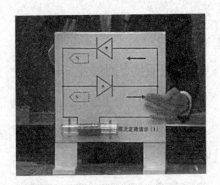

附图 19

这是感应线圈，用来产生感应电流，这是两只发光二极管，具有单向导电性，我们用它来表示不同方向的感应电流。老师已经将不同的发光二极管发光时所对应的感应电流的方向，以及我们用右手螺旋定则所判断出来的这只线圈产生的感应磁场左端的极性给标在了我们的示教板上。那接下来呢，我们就一起来利用这一套仪器，来一起寻求磁通量和感应电流的磁场之间的关系。那，这两者之间究竟有什么样的关系呢? 我们开始实验。

首先我们将磁铁的N极插入线圈，也就是线圈当中的磁通量增加的时候，大家注意观察实验现象，如附图20所示。哪个灯亮?

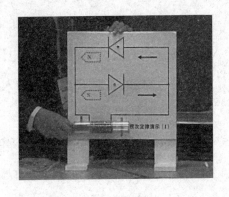

附图20

【学生】上面的红灯亮。

【教师】红灯亮,说明这个时候感应电流的方向是向左的,感应磁场左端的极性是N极。那我们把这些信息都记录下来。

再将N极从线圈中抽出,也就是线圈当中的磁通量减少的时候,如附图21所示,哪个灯亮?

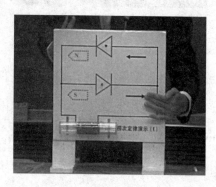

附图21

【学生】下面的绿灯亮。

【教师】绿灯亮,绿灯亮说明感应电流的方向是向右的,感应磁场左端的极性是S极。我们也记录下来。我们利用同样的方法来进行S极的实验,先将S极插入线圈。什么灯亮?

【学生】绿灯亮。

【教师】绿灯亮了,说明感应电流的方向是向右的,感应磁场左边的极性是S极。那再将S极从线圈中抽出呢?

【学生】红灯亮。

【教师】红灯亮,说明此时感应电流的方向是向左的,感应磁场左端的极性是N极。那,这样的话,我们就得到了这么一张实验记录表格,如附图22所示,这张表格当中会告诉我们什么呢?

附图22

【教师】一起来看,首先我们关注磁通量增加的时候。磁通量增加,也就是说这个时候磁铁靠近线圈,大家关注感应电流的磁场左端的极性与原磁场的极性怎么样? 相同。同名磁极相互排斥,也就是说这个时候在感应线圈当中产生了一个与原磁场相排斥的磁场,不想让磁铁干什么? 靠近。也就抗拒了线圈当中磁通量的增加。

那,我们再关注如果磁通量减少呢? 这个时候我们看到感应电流的磁场左端的极性与原磁场的极性相反,异名磁极相互吸引。也就是说这个时候在感应线圈当中产生了一个与原磁场相吸引的磁场,企图挽留磁铁离开,也就补偿了线圈当中磁通量的减少。

通过以上分析,我们便找到了这么一个规律,感应电流的磁场对于磁通量有抗拒其增加、补偿其减少的作用,但是无论是抗拒增加还是补偿减少,他们都有一个共同的作用效果——

阻碍。

同学们, 刚才的实验我们已经明白了, 感应电流的磁场对磁通量的变化有阻碍作用, 那这个阻碍作用它的程度如何呢? 能不能完全阻止磁通量的变化呢? 请看老师设计的第二个实验, 如附图23所示。

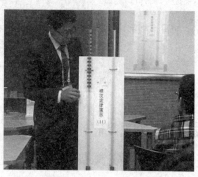

附图 23

【教师】这是两支有机玻璃管, 两个等高的有机玻璃管。老师在其中一个有机玻璃管的上端套上了许多闭合的阻碍线圈, 我们让两个相同的磁铁同时从有机玻璃管的顶端静止下落。在有机玻璃管的下端老师也利用上节课我们所学到的知识设计了感应线圈。我们知道当磁铁到达底端的时候穿过感应线圈会产生感应电流, 进而点亮这两只小灯, 我们也就能够判断磁铁下落快慢了。那接下来老师就请一位同学帮助我们放磁铁, 其他的同学一起观察实验现象。这位同学。同时放, 听老师的口令。一、二放, 哪个灯先亮?

【学生】绿灯先亮。

【教师】绿灯先亮,绿灯先亮说明在右端的玻璃管下落的磁铁比较快。那为什么左端的玻璃管中磁铁会下落得比较慢呢?因为在左端磁铁的上半部分老师套上了阻碍线圈,在磁铁通过线圈的时候,线圈当中的磁通量会发生变化,进而产生感应电流,产生感应磁场。也就是说,在磁铁下落的过程当中感应电流的磁场对我们的磁铁是抗拒的。当磁铁在重力的作用下离开的时候呢,又挽留磁铁离开,从而对我们的磁铁有阻碍作用。那请同学们思考,如果这里套上的线圈不闭合,会不会有这种现象?

【学生】不会。

【教师】不会,因为运动线圈不闭合的话,便不会产生感应电流,也就没有感应磁场,就没有阻碍的作用。那再请同学们想一想,如果这里套上的阻碍线圈的个数足够多,非常非常多,那磁铁会不会就被完全阻止而不再下落呢?我们设想,如果磁铁在下落的过程当中在某一点被完全阻止而静止了,那从这一点开始线圈当中的磁通量还会不会变化?

【学生】不会。

【教师】不会,也就是说,这个时候阻碍作用也就因为没有磁通量的变化这个前提而不再产生,磁铁又会在重力作用下而继续下降,线圈中的磁通量的变化还会继续产生,也就继续会有阻碍现象。对不对?也就是说,在磁铁下落的过程当中,我们感应电流所产生的磁场对磁铁的阻碍作用是抗拒没拒成,挽留呢，又没留住。换句话说，感应电流的磁场对于磁通量的变化是只能阻碍，不能阻止。

综上所述，我们便找到了这两者之间的关系，感应电流具有这样的方向，即感应电流的磁场总是要阻碍引起感应电流的磁通量的变化，那这也就是1834年伟大的物理学家楞次的发现，我们为了纪念这位物理学家呢，就把这一条定律命名为楞次定律。

了解了楞次定律，我们再把目光投向我们课前的我们这艘神秘的小船。那请同学们揭开小船的神秘面纱。

【学生】揭开小船上面的纸盖。

【教师】请同学们揭开小船上面的纸盖儿，大家发现了什么？大家发现了线圈，而且是一个闭合的线圈。这就看到我们小船的船身是一个三分之一的乒乓球，很熟悉的乒乓球。再注意看到我们的魔法棒的前端其实是一枚磁铁，那这样的话小船听话的玄机我们自然而然就揭开了吧！

当我们的磁铁靠近线圈的时候，穿过线圈的磁通量会增大，继而产生了一个与磁场相排斥的磁场，小船是被推走的。那，当磁铁停在小船的上方，穿过线圈的磁通量也就不会变化，进而磁铁和线圈之间就不会相互作用，小船便会在水的阻力的作用下停下来。那，当我们的磁铁离开线圈的时候呢？穿过线圈的磁通量会减少，那这个时候产生了一个与原磁场相吸引的磁场，也就把小船吸过来。所以啊，我们这个听话的小船其实它并不是真的听话。

最后，让我们一起来思考一个实际应用问题，请看题。

汽车的大灯是由汽车中的发电机供电的，而发电机是由汽油发动机来带动旋转的，汽车在行驶的过程当中发电机一直在不停地旋转着，那你能不能用我们今天所学习到的知识去思考当汽车行驶的过程当中开着大灯与不开大灯耗油一样多吗？为什么？

这个问题就留给大家课后去思考，大家可以结伴而行，去找有车的家长进行讨论，也可以去查阅相关的资料，我们将在下节课针对这个问题做进一步的探讨和交流。